August Koberstein

Laut- und Flexionslehre der mittelhochdeutschen und der neuhochdeutschen Sprache

In ihren Grundzügen, zum Gebrauch auf Gymnasien

August Koberstein

Laut- und Flexionslehre der mittelhochdeutschen und der neuhochdeutschen Sprache

In ihren Grundzügen, zum Gebrauch auf Gymnasien

ISBN/EAN: 9783743495609

Hergestellt in Europa, USA, Kanada, Australien, Japan

Cover: Foto ©Thomas Meinert / pixelio.de

Manufactured and distributed by brebook publishing software (www.brebook.com)

August Koberstein

Laut- und Flexionslehre der mittelhochdeutschen und der neuhochdeutschen Sprache

LAUT- UND FLEXIONSLEHRE

DER

MITTELHOCHDEUTSCHEN

UND

DER NEUHOCHDEUTSCHEN SPRACHE

IN IHREN GRUNDZÜGEN.

ZUM

GEBRAUCH AUF GYMNASIEN

VON

Dr. **AUG. KOBERSTEIN.**

HALLE,
VERLAG DER BUCHHANDLUNG DES WAISENHAUSES.

1862.

Vorwort.

Die nachfolgenden Bogen enthalten die Grundlinien desjenigen Theils der mittel- und neuhochdeutschen Grammatik, der in einer in allen Hauptpuncten gleichen Behandlungsart seit mehr als dreißig Jahren den Gegenstand des von mir in der Unter-Secunda hiesiger Lehranstalt ertheilten deutschen Unterrichts gebildet hat. Zeither gewohnt, denselben bloß an gedruckte, den Schülern vorliegende Paradigmen anzuknüpfen, würde ich vielleicht noch länger angestanden haben, diese zu einer zusammenhängenden Darstellung aller wesentlichen Puncte der mittel- und neuhochdeutschen Laut- und Flexionslehre, soweit nach meiner Ansicht in Gymnasien darauf eingegangen werden kann, für den Druck zu erweitern und auszufüllen, wäre dazu nicht von hoher Stelle die ausdrückliche Aufforderung an mich ergangen. Dieser habe ich nun um so lieber Folge geleistet, als ich damit nicht allein meinen Schülern die Aneignung des Lehrstoffes fernerhin zu erleichtern glaubte, sondern auch nach den mir von verschiedenen Seiten her wiederholt zugekommenen Versicherungen hoffen durfte, einem allgemeinern Bedürfniss der gelehrten Schulen unsers Vaterlandes einigermaßen abzuhelfen, indem ich einen aus langer Praxis hervorgegangenen Leitfaden bei dem Unterricht in der deutschen Grammatik lieferte.

Wer mit mir die Überzeugung theilt, dass der Grund zu einer wahrhaft wissenschaftlichen Auffassung und Behandlung der deutschen Grammatik, der dem Unterricht in den classischen Sprachen entspreche und in ihr tieferes Verständniss ergänzend

Sollte meine Arbeit für Gymnasien wirklich brauchbar befunden werden und allgemeinern Eingang finden, so würde ich, wenn Gott mir noch länger das Leben fristet, in nicht zu ferner Zeit noch als zweite Abtheilung einen Abriss der mittel- und neuhochdeutschen Wortbildungslehre folgen lassen.

Schließlich bezeuge ich meinem verehrten und lieben Freunde, Herrn Dr. O. Schade, meinen herzlichsten Dank für seine freundliche und sorgsame Betheiligung an der Correctur der Druckbogen.

Pforte, den 30. März 1862.

Koberstein.

I. LAUTLEHRE.

1. Vocale.

A. Mittelhochdeutsche Vocale.

§. 1. Die althochdeutsche Sprache hat noch fast alle Vocale, die in ihren Stämmen vorkommen, auch in den Endungen; im Mittelhochdeutschen hat sich diess schon so wesentlich geändert, dass sich die alten vollen **Flexionsvocale**, bis auf nur wenige mehr vereinzelt stehende Ausnahmen, durchweg, die vollen **Ableitungsvocale** in den allermeisten Fällen zu einem tonlosen *e* abgeschwächt haben, oder auch ganz geschwunden sind.

Beispiele: Althochd. *gibu, nâmun, ritin, varant, falbôn, vrâgên; — meri, stilit; — nerjan, werita, lobôta, nagal, flegil, apful.*

Mittelhochd. *gibe, nâmen, riten, varent, falben, vrâgen; — mer, stilt; — nern, werte, lobete, nagel, flegel, apfel.*

Anmerkung 1. Die mittelhochdeutsche Sprache unterscheidet noch streng von den langen Stämmen die kurzen und darnach auch die darauf zunächst folgenden *e* der Endungen in eigentlich tonlose und stumme. Tonlos ist ein *e*, wenn der voraufgehende Stamm, gleichviel ob durch seinen Vocal oder durch Position, lang, stumm, wenn er kurz ist. Ein tonloses *e* schwindet selten, ein stummes häufig. In der Regel geschieht diess dann, wenn der Stamm auf eine Liquida, zumal auf *l* und *r* ausgeht, wo es sowohl abfällt (durch Apocope) als ausfällt (durch Syncope), letzteres vornehmlich vor den Consonanten *s, t, st* und *n*, z. B. *ftil, ftilft, ftilt, ftëln; bir, birft, birt, bërn; kils, fpërs; ar, arn = ftile, ftileft, ftilet, ftëlen; bire, bireft, biret, bëren; kiles, fpëres; are, aren.* — Über die Beibehaltung oder das Schwinden des *e* in den Endungen von Wörtern, die nach dem Stamme noch eine der Ableitungssilben *-el, -em, -en, -er* haben, wird in der Flexionslehre das Nöthigste angeführt werden.

Anmerkung 2. Erhalten haben sich volle Vocale vornehmlich in den Ableitungen *-aere* (althochd. *-âri*), *-in*, *-inne*, *-in*, *-nifse*, *-sal*, *-inc*, *-line*, *-lin*, *-unge* und andern mehr vereinzelt gebliebenen; z. B. *eifchaere, guldin, küneginne, künegin, vinfterniffe, irrefal, pfennine, jungeline, vogelin, wandelunge*. Dagegen gehören die vollen Vocale in den Silben *-lich*, *-lieh*, *-baere*, *-fam*, *-heit* (*-keit*), *-tuom* nicht Ableitungen, sondern ursprünglich selbständigen Stämmen (Adjectiven und Substantiven) an.

Anmerkung 3. Auch Stammvocale können sich bisweilen bis zur Tonlosigkeit, ja bis zum Verschwinden abschwächen. Diess hat namentlich in den aus ursprünglichen Präpositionen entstandenen Vorpartikeln Statt gefunden, wie in *be-*, *ent-*, *er-*, *ge-*, *ver-*, *zer-*. Beispiele des Ausfalls: *barmunge = be-armunge; gunnen = ge-unnen; bliben = be-liben; glouben = ge-louben*.

§. 2. Stammvocale. Sie zerfallen in reine und getrübte.

a) Reine Vocale: kurze *a, i, u*
    einfach lange *â, ê, î, ô, û*
    Diphthonge *ei, iu, ou, uo*.

b) Getrübte Vocale. Getrübt wird ein ursprünglich reiner Vocal des Stammes durch den Einfluss, den ein an den Stamm stoßender Endungsvocal auf ihn ausübt, indem dieser sich jenen in der Aussprache anzunähern sucht.

Die Vocale der Endungen, welche die Trübung zu bewirken vermögen, sind *a* und *i* (oder auch *î*).

Die durch *a* hervorgebrachte Trübung heißt **Brechung**, die durch *i* oder *î* erzeugte **Umlaut**.

Anmerkung. Statt des *a* kann auch ein *ê* oder *ô* den Stammvocal brechen, weil in diesen beiden Längen ein *a* steckt (das *ê* entspricht einem gothischen *ai*, das *ô* einem gothischen *au*).

§. 3. Die Brechung hat sich, so weit sie als organisch angesehen werden kann, d. h. so weit sie von einem *a* (*ê*, *ô*) der Endung wirklich herrührt, bereits in der althochdeutschen Sprache in demselben Umfange vollzogen, wie wir sie im Mittelhochdeutschen finden. Unterworfen waren ihr die drei Laute *i, u* und *iu*, die als gebrochene im Althochdeutschen zu *ë, o* und *io* wurden. *ë* und *o* sind im Mittelhochdeutschen geblieben, *io* aber ist überall zu *ie* geworden.

Beispiele: *gëbent, nëmen, gebotcn, geftolen, bielen, vliegen*, im Althochd. *gëbant, nëman, gabotan, gaftolan, biotan*, *vliogan*, sind —. wie das Gothische lehrt, aus *gibant*, *niman*, *gabutan*, *gaſtulan*, *biutan*, *vliugan* entstanden; *loben*, *lëben*, althochd. *lobôn*, *lëbên*, weisen auf *lubôn*, *libên* zurück.

Ausnahmen von dieser Regel finden vornehmlich nur Statt, wenn ein *m* oder *n* in Verbindung mit einem andern Consonanten oder geminiert auf den Stammvocal folgt, z. B. *vinden*, *gerunden*, *ſwimmen*, *geſwummen*, *ſingen*, *geſungen*, *wunder*; althochd. *vindan*, *gavundan*, *ſwimman*, *gaſwumman*, *ſingan*, *gaſungan*, *wuntar*. Näheres bei der ersten starken ablautenden Conjugation. Noch einer andern Hauptausnahme wird bei der fünften starken ablautenden Conjugation gedacht werden.

Anmerkung. Da im Mittelhochdeutschen die ursprünglichen Unterschiede der Endungsvocale sich in dem tonlosen oder stummen *e* fast durchgehends aufgehoben haben, so ist der Grund, warum ein Vocal gebrochen worden, an der mittelhochdeutschen Wortform nicht mehr ersichtlich und kann nur aus der Vergleichung mit der ihr entsprechenden althochdeutschen erkannt werden. Warum es im Mittelhochd. heisst *ich vliuge*, *du vliugeſt*, *er vliuget*, aber *wir vliegen*, *ir vlieget*, *ſie vliegent* ist an und für sich dunkel, hellt sich aber gleich auf durch die althochd. Formen *vliugu*, *vliugis*, *vliugit*, *vliogamês*, *vliogat*, *vliogant*.

§. 4. Der Umlaut ergreift im Althochdeutschen zuerst — ungefähr seit dem sechsten Jahrhundert, — den Stammvocal *a*, der dadurch zu *e* wird. Dieses *e* heißt das offene, jenes durch Brechung entstandene *ë* das geschlossene: beide Formen waren in der Aussprache ganz verschieden, indem jenes sich mehr dem *a*, dieses dem *i* näherte. Daher haben im Reimen sorgfältige Dichter der guten mittelhochd. Zeit Bindungen wie *dëgen: legen* vermieden.

Nächst dem *a* wurde das *û* seit dem zehnten Jahrhundert für den Umlaut empfänglich und dadurch zu *iu*.

Beispiele: *varis*, *varit*, *mari*, *hari*, *chraſti* werden zu *veris*, *verit*, *meri*, *heri*, *chreſti*; —. *brûti*, *hûſir* zu *briuti*, *hiuſir*.

Im Mittelhochdeutschen greift der Umlaut so weit um sich, dass, bis auf einige Ausnahmen, alle Stammvocale davon erfasst werden, die nicht *i* oder *î* selbst sind, oder in denen nicht ein *i* offen oder versteckt enthalten ist (wie *ei*, *ie*, *iu*, *ë* und *ê* = älterm *ai*). So erhalten wir zu

den Vocalen *a* die Umlaute *e*
o *ö*
u *ü*
â *ae*
ô *oe*
û *iu*
ou *öu* (auch *eu*)
uo *üe*.

Anmerkungen. a) Wie bei der Brechung, so ist auch beim Umlaut im Mittelhochdeutschen fast niemals oder doch nur selten der Grund davon unmittelbar zu erkennen. Das Althochdeutsche muss hier wieder zur Erklärung dienen. Darnach lassen sich folgende Regeln aufstellen. Der Umlaut muss im Mittelhochdeutschen bei umlautbarem Vocal eintreten: α) wenn an den Stamm noch ein *i* oder *î* stößt (*künie*, früher *kunine*; *saelic* = *sâlic*), oder β) ein Endungs-*e*, das im Althochdeutschen *i* oder *î* war, γ) wenn einmal ein *i* oder *î* daran gestoßen hat, das aber nicht einmal mehr als *e* fort besteht, sondern seit längerer oder kürzerer Zeit aus- oder abgefallen ist.

Beispiele: *her, mer, gefte, töhte, lüfte, waete, hoeret, briute, löuber, rüeze* = althochd. *heri, meri* (früher *hari, mari*), *gasti, tohti, lufti, wâti, hôrit, brûti, loubir, vuozî*; — *hoeren, waenen, dürften, küelen, rüemen, vüeren* = althochd. *hôran, wânan, durftan, kuolan, ruoman, vuoran*, wovon die ältern Formen lauteten *horjan* (= *hôr-i-an*), *wânjan, durftjan, kuoljan, ruomjan, vuorjan*.

b) Oft findet sich noch im Mittelhochdeutschen ein *i* in Bildungssilben, namentlich in der Endung -*ic* (-*ig*). Diess kann aus althochd. -*ic* und -*ac* entstanden und in beiden Fällen auch zu -*ec* geworden sein. Nur das dem ältern -*ic* entsprechende -*ic* oder -*ec* ist fähig, Umlaut zu erzeugen, nicht das aus -*ac* abgeschwächte; also: *kreftec, kreftiger; genaedec, genaediger; dürftec, dürftiger* (aus althochd. *kreftic, ganâdic, duruftic*), aber nicht *menec, blüetec, noetec*, sondern *manec, bluotec, nôtec* (= althochd. *manac, bluotac, nôtac*).

B. Neuhochdeutsche Vocale.

§. 5. In den Vocalen der Endungen ändert sich nichts Wesentliches, nur fallen manche *e*, die das Mittelhochdeutsche noch festhielt, jetzt in der Regel weg; wogegen andere, die dort nach festen Regeln theils aus-, theils abgeworfen wurden, jetzt wieder öfter eintreten.

Beispiele: mittelhochd. *nageles*, *gibeſt*, *gibet*, neuhochd. *nagels*, *gibſt*, *gibt*; dagegen mittelhochd. *hols*, *holn*, *hers*, *mers*, neuhochd. meist: *hohles*, *hohlen*, *heeres*, *meeres*.

Die volltönenden Ableitungsvocale sind meist so geblieben, wie sie im Mittelhochdeutschen waren. Hauptausnahmen sind die in -*er* und -*en* verkürzten Endungen -*aere* und -*in*, z. B. *fischer*, *golden*, früher *vischaere*, *guldin*.

§. 6. In den Vocalen der Stämme. haben sich sehr bedeutende Veränderungen zugetragen.

a) Der Umlaut und noch mehr die Brechung haben an Umfang zugenommen, und zwar so, dass der eine wie die andere jetzt auf unorganische Weise eingetreten, d. h. der eine jetzt nicht mehr durch ein früheres *i* oder *í*, die andere nicht mehr durch ein früheres *a* (*e* oder *ó*) der Endung bedingt ist.

Beispiele: *bäume*, *böcke*, *hüfe*, *kämme*, *käufe*, mittelhochd. *boume*, *bocke*, *hove*, *kamme*, *koufe*.

ich gebe, helfe, biete, nehme, gewonnen, wir ſotten, mittelhochd. *ich gibe, hilfe, biute, nime, gewunnen, wir suten*.

Näheres über die unorganische Brechung bei der starken ablautenden Conjugation. — Der unorganische Umlaut tritt auch schon öfter im Mittelhochdeutschen hervor, besonders in einer Classe unregelmäßiger Verba, wovon am gehörigen Orte die Rede sein wird.

b) Acht Laute haben sich, ohne dass ein Einfluss der Endungen dabei im Spiel gewesen, in andere umgesetzt:

die beiden alten Längen *í* und *ú* in die Diphthongen *ei* und *au*;

die Diphthongen *ie*, *uo* und *üe* in die einfachen Längen *í*, *ú* und *ü*;

drei andere Diphthongen *iu*, *ou* und *öu* in *eu*, *au* und *eu*.

Über andere mehr vereinzelt sich zeigende Vocalübergänge vgl. die ablautenden starken Conjugationen.

Anmerkung 1. Das alte *ie* wird zwar gewöhnlich noch diphthongisch geschrieben, wie *lieben*, *bieten*, *fliegen*, aber ausgesprochen wie *í* (in *gieng*, *hieng*, *fieng*, gewöhnlich auch *ging*, *hing*, *fing* geschrieben, selbst kurz ausgesprochen).

Anmerkung 2. Statt des Diphthongen *eu* braucht die hochdeutsche Schreibung gewöhnlich *äu*, wenn es dem mittelhochd. *iu* als Umlaut von *û* entspricht, dagegen *eu*, wo es im Mittelhochd. das ursprüngliche *iu* oder der Umlaut *öu* war; daher *neu, treu, euer, heute; — freude, heu, streuen* = mittelhochd. *niuwe, triuwe, iuwer, hiute; — vröude, höu, ströuwen;* aber *häufer, bräute, häute* = mittelhochd. *hiufer, briute, hiute*, althochd. vor Eintritt des Umlauts *hûfir, brûti, hûti*.

Anmerkung 3. Das Neuhochdeutsche hat zwei in der Aussprache ganz gleiche *ei* und *au;* das eine *ei* ist = mittelhochd. *ei*, das andere = mittelhochd. *î;* z. B. *stein, bein, meinen* (putare) = *stein, bein, meinen*, dagegen *wein, schein, meinen* (meum) = *wîn, schînen, mînen*. Ähnlich entspricht das neuhochd. *au* bald mittelhochd. *ou*, bald *û;* z. B. *baum, auch, rauch* = *boum, ouch, rouch;* dagegen *haus, braun, taube* = *hûs, brûn, tûbe.* — Welches Ursprungs ein neuhochd. *ei* oder *au* ist, lässt sich, wenigstens in Mitteldeutschland, leicht aus der Aussprache des Volks erkennen: das aus *ei* entstandene *ei* zieht sie in der Regel in *ê*, das aus *ou* entsandene *au* in *ô* zusammen: z. B. *bên, stên, mênen; bôm, ôch, rôch.* Das andere *ei* und *au* lässt sie entweder unzusammengezogen, oder sie braucht dafür, besonders nach Niederdeutschland hin, das alte *î* und *û:*

c) Eine Hauptveränderung hat der neuhochdeutsche Vocalismus dadurch erlitten, dass, wenn man einige einsilbige Wörter, wie *an, in, mit, bin, von* und das ganz einzeln stehende *lebéndig* ausnehmen will, alle bis in die mittelhochdeutsche Zeit herein kurzen Stämme lang geworden sind. Diess aber ist auf zwiefachem Wege geschehen: entweder ist der ursprünglich kurze Vocal, auf den ein einfacher Consonant folgte, mit Beibehaltung des letztern gedehnt worden, wie in *geben, loben, sagen, reden* = mittelhochd. *gëben, loben, sagen, reden;* oder wenn die Kürze des Vocals gewahrt wurde, ist der ursprünglich einfache Consonant nach demselben geminiert und dadurch Position erzeugt worden, wie *genommen, sitte, ritten, sollen* = mittelhochd. *genomen, site, riten, sulen.* Wir haben also zwar noch kurze Vocale genug in den Stämmen, jedoch nur wenn zwei Consonanten darauf folgen. Vor einfachen Consonanten ist, und namentlich in mehrsilbigen Wörtern, jeder Stammvocal lang.

Anmerkung 1. Bisweilen sind umgekehrt ursprünglich lange Vocale vor Doppelconsonanz auch kurz geworden, z. B. *rache, laffen, müffen, mutter, futter* = mittelhochd. *râche, lâzen, müezen, muoter, vuoter.*

Anmerkung 2. Der bloße gedehnte Laut wird zuweilen gar nicht bezeichnet, wie in *kam, kamen, las, lasen, war, waren*, öfter durch Doppelung, wie *haar, meer, saal* (= mittelhochd. *hâr, mer, sal*), sodann durch ein dem Vocal *i* nachgesetztes *e*, wie *trieben, viel, ziemet* (= mittelhochd.

triben, *vil*, *zimet*), so daß es nun auch zwei verschiedene *ie* gibt, das eine = mittelhochd. *ie*, das andere = älterm *i*; endlich auch durch ein dem Vocal nach- oder vorgesetztes *h*, wie *fahren*, *mehr*, *ehre* (= mittelhochd. *varn*, *mêr*, *êre*), und *thal*, *thun*, *theil* (= mittelhochd. *tal*, *tuon*, *teil*). — Dieses *th* wird aber nicht bloß dem Vocal vor-, sondern auch nachgesetzt, wie in *athem*, *miethe*, *heimath*, *muth*, *teuth*, ja selbst vor Consonanten steht es, z. B. in *thraene*. — Übrigens ersieht man schon aus den aufgeführten Beispielen, dass die Verdoppelung eines Vocals, so wie die Ein- oder Anfügung eines *h* nicht allein da geschieht, wo der Vocal ursprünglich kurz war, wie in *saal*, *meer*, *thal*, *fahren*, sondern auch, wo er schon früher lang war, wie in *haar*, *thun*, *muth*, *theil*. Es gehört diess mit zu den großen und vielen Inconsequenzen der neuhochdeutschen Rechtschreibung.

Anmerkung 3. Die fast durchgängige Verlängerung der Stammsilben ist unstreitig eine Folge des in der hochdeutschen Sprache herrschenden Betonungsgesetzes, nach welchem der Haupttou in jedem mehrsilbigen, nicht zusammengesetzten Worte, mit einziger Ausnahme des schon angeführten *lebéndig* (früher *lebendig*), auf die Stammsilbe fällt. So lange die Sprache noch volltönende Endungen und auf diesen mehr oder weniger starke Nebentöne hatte, hielten diese dem Haupttou so zu sagen eine Art von Gegengewicht, so dass er nicht so einseitig auf die Stammsilbe drücken konnte, als da die Endungen zum allergrößten Theil tonlos geworden waren. Doch wahrte die Sprache im Mittelhochdeutschen, trotz der Abschwächung der Endungen, noch den Stämmen die ursprüngliche Kürze oder Länge; erst im Neuhochdeutschen verwandelte der Tondruck überall die Kürzen in Längen: z. B. althochd. *lóbôta*, *rítun*, mittelhochd. noch *lôbete*, *riten*, neuhochd. aber *lôbete*, *ritten*.

2. Consonanten.

A. Mittelhochdeutsche Consonanten.

§. 7. Sie zerfallen in
    a) Liquidae: *l*, *m*, *n*, *r*.
    b) Spirantes: *w*, *s*, *h*, *j*.
    c) Mutae: α) Labiales: *p*, *ph* oder *pf*, *f* oder *v* und *b*.
           β) Linguales: *t*, *z* und *ʒ*, *d*.
           γ) Gutturales: *k* oder *c* (*q*), *ch*, *g*.

Anmerkung 1. Die Buchstaben *f* und *v* sind im Mittelhochdeutschen meist nur verschiedene Zeichen für denselben Laut: das *v* wird häufiger und vor den meisten Vocalen gebraucht, das *f* in der Regel nur vor *u* und *ü*: z. B. *varn*, *vaften*, *vëhten*, *vëlt*, *vinden*, *vifch*, *volgen*, *vorhte*; aber *fuoʒ*, *für*, *fürſte*, *fuoder*. Doch herrscht hierin viel Willkür, wie auch in dem Gebrauche beider Zeichen vor einem Consonanten, z. B. *flêhen* und *vlêhen*, *fremede* und *vremede*. Über eine besondere Unterscheidung des *v* und *f* vgl. §. 8, c. —

Anmerkung 2. Die dem griechischen ϑ, dem gothischen þ (th) und dem englischen th entsprechende Aspirata fehlt im Alt- und Mittelhochdeutschen. Dafür ist ein zwiefaches *ʒ* eingetreten. Das eine, das harte *ʒ*, entspricht unserm heutigen *z*, das andere, das weiche *ʒ*, muss mehr unserm β (ſz) geglichen haben. Im Anfang der Wörter findet sich nur *z*, in der Mitte und am Ende sowohl *z* als *ʒ*; z. B. *zal*, *zoum*, *zunft*, *zeichen*; — *ſchaz*, *kriuze*; *eluʒ*, *lâʒen*. — Im Inlaut können beide Laute auch verdoppelt werden, doch nur nach kurzem Vocal; alsdann wird für *zz* gewöhnlich *tz*, für *ʒʒ* dagegen kein anderes Zeichen gesetzt, z. B. *ſchatzes*, *ſetzen*, aber *waʒʒer*, *vluʒʒes*, *wiʒʒen*.

Anmerkung 3. Das *c* wird für *k* meist nur im Auslaut gebraucht, z. B. *ſanc* (von *ſingen* und *ſinken*), *trinc*, *gienc*. Für das doppelte *k* im Inlaut steht in der Regel *ck*. — Das *q* steht nur vor *u* und einem andern darauf folgenden Vocal (= *qu*), z. B. *quâmen* (= *kâmen*), *quëln*, *quâle*.

§. 8. Bemerkenswerth sind die Änderungen, welche inlautende Consonanten erleiden, sobald sie in den Auslaut treten. Hierbei gelten folgende Regeln:

a) Ein im Inlaut geminierter Consonant wird im Auslaut stäts vereinfacht, z. B. von *bille*, *ſwimme*, *gewinne*, *wirre* lautet die 2. Sg. Imperat. *bil*, *ſwim*, *gewin*, *wir*, die 1. Sg. Praeterit. *bal*, *ſwam*, *gewan*, *war*; von den Genit. Sg. *roſſes*, *ſchiffes*, *haʒʒes*, *ſchatzes*, *ſackes*, die Nomin. Sg. *ros*, *ſchif*, *haʒ*, *ſchaz*, *sac*.

b) Eine inlautende Media verwandelt sich im Auslaut in die ihr entsprechende Tenuis, z. B. *gibe*, *gip*, *gap*; *binde*, *bint*, *bant*; *mide*, *mit*, *meit*; *ſinge*, *ſinc*, *ſanc*; *ſtîge*, *ſtic*, *ſteic*.

c) Ein inlautendes *v* wird im Auslaut zu *f*, ein inlautendes *h* zu *ch*, und ein inlautendes *w* fällt im Auslaut ganz ab, z. B. *hoves*, *hof*; *brieven*, *brief*; *ſihe*, *ſich*, *ſach*; *ziuhe*, *ziuch*, *zôch*; *varwe*, *var*; *niuwe*, *niu*.

Man nennt solche Auslaute unorganische zum Unterschiede von den organischen, d. h. solchen Consonanten, die aus dem Inlaut ganz unverändert in den Auslaut treten. So ist das *t* in *rât* (consilium) organisch (Genit. *râtes*), in *rat* (rota) unorganisch (Genit. *rades*). Ebenso unterscheiden sich die Auslaute *c*, *ch*, *f* in *ſanc* (Infinit. *ſinken*), *ſprach* (Infinit. *ſprëchen*), *ſchâf* (Genit. *ſchâfes*) und in *ſanc* (Infinit. *ſingen*), *geſchach* (Infinit. *geſchëhen*), *hof* (Genit. *hoves*).

§. 9. Im **Inlaut** geht vor *t* das *g* öfter in *k* oder *c*, das *k* und *ch* in *h* über, z. B. aus *hangte, sprangte* wird *hancte, sprancte*, aus *bedact, erschrakte* und *gemacht* wird *bedaht, erschrahte, gemaht*. — Das inlautende *t* wird nach liquiden Consonanten häufig in *d* erweicht, z. B. *wolde, naude = wolte, nante;* die Ordinalzahl *vierte* lautet immer *vierde*. — Über andere Veränderungen inlautender Consonanten wird bei den starken ablautenden Verben die Rede sein.

B. Neuhochdeutsche Consonanten.

§. 10. Im **Anlaut** bleiben sie im Ganzen wie im Mittelhochdeutschen. Die Hauptausnahmen sind:

a) Die meisten anlautenden *v* der mittelhochdeutschen Sprache sind jetzt zu *f* geworden; Beispiele des verbliebenen *v* sind in *vater, ver-, vor, viel, voll, vogel*.

b) *th* steht häufig für *t* (auch im In- und Auslaut). Vgl. §. 6, c. Anmerk. 2.

c) Die Consonantverbindung *tw* ist zu *zw* geworden, z. B. *zwingen, zwerg*, früher *twingen, twërc*.

d) Von den althochdeutschen Consonantverbindungen *fl, fm, fn, fw, fp, ft, fk* war im Mittelhochdeutschen nur die letzte in *fch* (auch im In- und Auslaut) übergegangen: *fkeidan, -fcheiden (wafkan, wafchen, vifc, vifch);* die andern erhielten sich unverändert. Im Neuhochdeutschen dagegen hat sich in den vier ersten überall zwischen das *f* und den folgenden Consonanten ein *ch* eingeschoben, also *gefchlagen, fchmelzen, fchneiden, fchwimmen* = mittelhochd. *geflagen, fmëlzen, fnîden, fwimmen*. Die beiden übrigen, *fp* und *ft*, sind zwar in der Schrift so geblieben, werden aber im mittlern und obern Deutschland gesprochen wie *fchp, fcht*.

§. 11. Im **Inlaut** findet sich nichts mehr von den §. 9 aufgeführten Eigenheiten des Mittelhochdeutschen. Dagegen sind andere Veränderungen eingetreten.

a) Das inlautende *w* fällt jetzt auch in der Regel aus, wo es früher zwischen zwei Vocalen stand, z. B. *frauen, frau, reue, fehne, fchnees* = mittelhochd. *vrouwen, vrouwe, riuwe, fënewe, fnêwes*. Ausnahmen: *löwe, möwe*. Die

Spirans *h* ist daraus geworden in *ruhe*, *ruhen* (= mittelhochd. *ruowe*, *ruowen*).
b) Nach einem Consonanten wird es meist zu *b*, z. B. *farbe*, *fchwalbe*, *gelber*, *gerben* (= mittelhochd. *varwe*, *fwalwe*, *gĕlwer*, *gerwen*); geblieben ist es in *wittwe* (daneben *wittib* = mittelhochd. *witewe*, *witwe*); ganz ausgefallen in *mehles*, *mehle*, (mittelhochd. *mĕlwes*, *mĕlwe*).
c) Wo in mittelhochdeutschen Stämmen sich -*âw* findet, welches mit Abwerfung eines folgenden *e* zu *â* wird, z. B. *grâwen*, *pfâwe*, *klâwen*, *blâwer*; *grâ*, *klâ*, *blâ*, hat sich diess in *au* verwandelt, *grauen*, *pfau*, *klauen*, *blauer*, *grau*, *klaue*, *blau*.
d) Das inlautende mittelhochd. *j* ist entweder ganz ausgefallen, z. B. *fäen* (= *faejen*), oder, was der häufigere Fall, zu *h* geworden, z. B., *krähen*, *wehen*, *mähen*, *glühen*, *mühen* (= *kraejen*, *waejen*, *maejen*, *glüejen*, *müejen*).
e) Das *ʒ* ist im Inlaut nach gedehntem Vocal zu *ß* (*fz*) geworden (*füße*, *maaße*, *ftoßen* = mittelhochd. *vûeʒe*, *mâʒe*, *ftôʒĕn*). Nach kurzem Vocal hat man auch, um der Etymologie gerechter zu werden, *ß* für das mittelhochd. *ʒʒ* einführen wollen (also *eßen*, *wißen*, *waßer* = mittelhochd. *eʒʒen*, *wiʒʒen*, *waʒʒer*); allein die gewöhnliche Schreibung dafür ist *ff*, obgleich das mittelhochd. *ff* von *ʒ* oder *ʒʒ* durchaus verschieden ist. So findet man also jene Wortformen nach der gemeinen Rechtschreibung heutiges Tages als *effen*, *wiffen*, *waffer*, und so in allen ähnlichen Fällen *ff* statt *ß*.

§. 12. Im Auslaut sind in der Regel die §. 8. aufgeführten Veränderungen inlautender Consonanten der mittelhochdeutschen Sprache jetzt nicht mehr üblich: der Inlaut bleibt also im Auslaut derselbe, z. B. *finden*, *fand*, *geben*, *gab*, *fingen*, *fang*, *rades*, *rad*, *finnes*, *finn*, *quellen*, *quoll*. Der Unterschied zwischen inlautendem *v* und auslautendem *f* ist dadurch aufgehoben, dass jenes diesem gewichen ist, also *hof*, *hofes*, *brief*, *briefes*. — Ueberbleibsel der alten Regel sind noch *höher*, *höch*, *nâchbar* statt *nâhbar*, *zeuch*, *fleuch* (von *ziehen*, *fliehen*), sodann die jetzt gewöhnliche Schreibung des Singulars weiblicher Substantiva auf -*in*, im Plural -*innen*, z. B. *königin*, *herzogin*, *löwin*, plur. *königinnen*, *herzoginnen*, *löwinnen*. — Als etwas der mittelhochdeutschen Regel

Analoges muss auch die Änderung angesehen werden, die ein inlautendes ſſ (für mittelhochd. ȝȝ und ſſ) nach kurzem Vocal erleidet, sobald es in den Auslaut tritt, da es alsdann immer zu ß wird, z. B. eſſen, iß; haſſes, haß; riſſen, riß; gewiſſer, gewiß. (Auch inlautend wird dieses ſſ zu ß, sobald ein t darauf folgt, z. B. iſſet, ißt, haſſet, haßt.)

Anmerkung. Mehrfach ist das mittelhochdeutsche auslautende ȝ zu s geworden, so namentlich in das (Artikel und Pronomen), es (Nom. und Acc. sing. des Pronomens), was (Pronomen), aus = mittelhochd. daȝ, ëȝ, waȝ, ûȝ, und in der Flexionsendung des Nom. und Accus. sing. der Neutr. starker Adjectivdeclination, wie gütes, höhes = mittelhochd. guoteȝ, hôheȝ.

II. FLEXIONSLEHRE.

1. Conjugation.

§. 13. Vorbemerkungen:

a) Die gothische Sprache besaß noch ein Passiv, aber bloß für das Praes. Indicat. und Conjunct., und auch da waren die Flexionen schon sehr einförmig. Von einem Medium zeigen sich in den uns erhaltenen Stücken des Ulfilas nur noch wenige vereinzelte Spuren. In der hochdeutschen Sprache, soweit wir ihre Geschichte zurückverfolgen können, findet sich weder etwas von einem Passiv noch von einem Medium: sie muss sich dafür mit Umschreibungen durch Hülfsverba und Pronomina begnügen.

b) Das Gothische hat fünf Modi: Indicativ, Conjunctiv, Imperativ, Infinitiv und Participium; das Hochdeutsche eben dieselben, außerdem aber auch noch ein Gerundium (vgl. §. 107), und zwar alle für das Praesens, dagegen für das Praeteritum nur den Indicativ, den Conjunctiv und das Participium. Indess finden sich Spuren eines ausgestorbenen Infinit. Praet. in den §. 43 aufgeführten anomalen Zeitwörtern.

c) In der deutschen Sprache überhaupt, also auch im Gothischen und Hochdeutschen, lassen sich nur zwei durch eigentliche Conjugationsmittel gebildete Tempora nachweisen: das Praesens und das Praeteritum. Ein Futurum fehlt, und muss, wie die verschiedenen Zeiten der Vergangenheit, umschrieben werden.

d) Das Gothische hatte im Activum noch drei Numeri; im Hochdeutschen ist der Dualis verschwunden.

§. 14. a) Die Verba zerfallen in **starke** und **schwache**; ihnen schließen sich dann noch die **unregelmäßigen** an, in denen sich zum Theil starke und schwache Formen mischen.

b) Die starken Verba, welche die ursprünglichern sind, können hinter dem Stamm nur noch ein Element haben, die Flexion, z. B. althochd. *gib-u*, *gib-is*, *gib-it*, *geb-ant*; in den schwachen befand sich ursprünglich zwischen dem Stamm und der Flexion immer ein drittes Element, ein Ableitungs- oder Bildungsvocal, z. B. althochd. *nerju* = *ner-i-u*, *ner-jan* = *ner-i-an*; *lobós* = *lob-ó-is*, *lobón* = *lob-ó-an*: sie sind daher alle abgeleitet. Im Griechischen entsprechen ihnen die Verba pura, im Lateinischen die Verba der ersten, zweiten und vierten Conjugation, während den deutschen starken im Griechischen die Verba barytona, im Lateinischen die Verba der dritten Conjugation analog sind.

c) Die starken bilden, wenn man zunächst von den Flexionen absieht, ihr Praeteritum aus dem Praesens durch Mittel, die ihnen entweder ganz oder doch hauptsächlich die Stämme selbst darbieten; die schwachen müssen sich dazu eines an den Ableitungsvocal herantretenden Suffixes bedienen, welches ursprünglich ein selbstständiges Verbum war.

d) Die starken theilen sich wieder in **ablautende** und **ursprünglich reduplicierende**. Unter dem **Ablaut** versteht man nämlich die ohne äußere Ursachen bedingte, nach festen Regeln erfolgende Umsetzung eines reinen Stammvocals in einen andern reinen. Wenn nun ein Verbum durch eine solche Umsetzung seines Praesens-Stammvocals den Stamm seines Praeteriti bildet, so ist es ein starkes ablautendes Verbum, z. B. im Althochd. *hilfu*, *half*; *varu*, *vuor*; *ritu*, *reit*; *vliugu*, *vlouc*. — Wirkliche Reduplication zur Bildung des Praeteriti, d. h. Vorschiebung einer Silbe vor den Praesens-Stamm, die, wenn der Stamm consonantisch anlautet, aus diesem Consonanten und einem sich gleichbleibenden Vocal besteht, findet sich nur noch im Gothischen, wobei der Stammvocal entweder unverändert bleibt, oder auch ablautet, z. B. *halda, haihald, ſkaida, ſkaifkaid; — vaia, vaivô, téka, taitôk*. Schon im Althochdeutschen hat sich die Reduplicationssilbe so zu sagen in den Stamm zurückgezogen und damit aus dem Reduplications- und dem Stammvocal sich ein Diphthong *ia* gebildet, so dass nun die im Gothischen noch reduplicierenden Verba den Anschein von ablautenden angenommen haben: z. B. *haltu, hialt, ſkeidu, ſkiad, láʒu, liaʒ*.

e) Das Suffix, das zur Bildung der Praeterita schwacher Verba dient, ist in der 1. Sg. Praet. Indic. für das Althochd. die Silbe -*ta*, für das Mittelhochd. und Neuhochd. -*te*. Es ist dieses Suffix aber weiter nichts als die Verstümmelung des Praeterit. von dem unregelmäßigen Verbum *tuon*, neuhochd. *thun*.

A. Mittelhochdeutsche starke ablautende Conjugationen.

§. 15. Es gibt sechs starke ablautende Conjugationen, die im Mittelhochdeutschen noch ziemlich streng nach dem Vocal der ersten Sg. Praes. Ind., wobei aber für die drei ersten auch die den Stamm schliessenden Consonanten in Betracht kommen, unterschieden werden können. Die drei ersten haben nämlich den Stammvocal *i*, worauf in der ersten eine geminierte Liquida oder eine Liquida mit einer Muta, in der zweiten meist einfache Muta oder einfache Spirans, und in der dritten einfache Liquida oder Spirans mit Muta oder auch doppelte Muta folgt. Die vierte hat im Stamm *a*, die fünfte *î*, die sechste *iu*.

Beispiele: I. *quille, klimme, rinne, wirre, hilfe, rimpfe, binde, wirfe.*

II. *gibe, trite, wige, liſe, ſihe*, aber auch *iʒʒe*.

III. *ſtile, nime, bir(e), briſte, driſche, vihte, triffe, briche, erſchricke.*

IV. *var(e), grabe, trage, lade, waſche.*

V. *ſchrîe, ſchîne, trîbe, grîfe, rîte, mîde, bîʒe, ſwîge, ſlîche, zîhe.*

VI. *kliube, ſliufe, biute, ſiude, giuʒe, vriuſe, triuge, kriuche, vliuhe, ziuhe.*

§. 16. Grundgesetz aller ablautenden Conjugationen ist, dass der Stammvocal des Präsens in der 1. Sg. Praet. immer ablautet. Aber nur eine Conjugation, die vierte, lässt es bei diesem einen Ablaut bewenden; die übrigen fünf haben einen zweiten im Plural. Praeter., und eine, die dritte, noch einen dritten im Particip. Praet., während die zweite und vierte für diese Verbalform den Vocal des Praesens, die erste, fünfte und sechste den des Plural. Praeterit. verwenden, wobei zunächst von den hier durch Brechung erzeugten Änderungen abgesehen wird. Darnach würde sich folgendes Paradigma für die Grundformen der sechs ablautenden Conjugationen im Mittelhochdeutschen aufstellen lassen.

	I.	II.	III.	IV.	V.	VI.
1. Sg. Praes. Ind.	*hilfe*	*gibe*	*ſtile*	*trage*	*rite*	*vliuge*
1. Pl. Praes. Ind.	*hilfen*	*giben*	*ſtilen*	*tragen*	*riten*	*vliugen*
1. Sg. Praet. Ind.	*half*	*gap*	*ſtal*	*truoc*	*reit*	*vlouc*
1. Pl. Praet. Ind.	*hulfen*	*gåben*	*ſtålen*	*truogen*	*riten*	*vlugen*
Partic. Praet. . .	*gehulfen*	*gegiben*	*geſtulen*	*getragen*	*geriten*	*gevlugen*

§. 17. Allein so ist das Grundschema in der Wirklichkeit nicht; durch die Brechung hat es vielmehr mehrfache Änderungen erlitten, die sich im Betreff des Vocalismus der Stämme auch schon im Althochdeutschen vorfinden. Da nämlich in der 1. Pl. Praes. Ind. und im Particip. Praet. der an den Stamm stoßende Flexionsvocal *a* war, so ist hier, mit Ausnahme des Partic. Praet. fünfter Conjugation, die Brechung des Stammvocals eingetreten, während der an den Stamm rührende Flexionsvocal *u* in der 1. Sg. Praes. Indic. und in der 1. Plur. Praet. Indic. den Vocal des Stammes unverändert gelassen hat. Zu der für das Particip. Praet. der fünften Conjugation angegebenen Ausnahme treten in der ersten unter gewissen Bedingungen noch andre hinzu, die nachher angegeben werden sollen. Zuvörderst gilt uns nun folgendes Schema für die wirklichen Grundformen dieser Conjugationen.

	I.	II.	III.	IV.	V.	VI.
1. Sg. Praes. Ind.	*hilfe*	*gibe*	*ſtile*	*trage*	*rite*	*vliuge*
1. Pl. Praes. Ind.	*hëlfen*	*gëben*	*ſtëlen*	*tragen*	*riten*	*vliegen*
1. Sg. Praet. Ind.	*half*	*gap*	*ſtal*	*truoc*	*reit*	*vlouc*
1. Pl. Praet. Ind.	*hulfen*	*gåben*	*ſtålen*	*truogen*	*riten*	*vlugen*
Partic. Praet. . .	*geholfen*	*gegëben*	*geſtolen*	*getragen*	*geriten*	*gevlogen*

§. 18. Nach diesem Grundschema lassen sich nun die Stammvocale aller übrigen Verbalformen mit Beobachtung folgender Regeln bestimmen:

a) Wo in Folge der Brechung ein Unterschied zwischen dem Stammvocal der 1. Sg. und der 1. Pl. Praes. Ind. Statt findet, gilt der erstere nur noch für die 2. und 3. Sg. Praes. Ind. und für die 2. Sg. Imperat., der andere für alle übrigen Formen des Praesens, weil diese alle entweder in der Flexion früher ein *a* oder ein *é* (*e*) hatten.

b) Der Vocal der 1. Sg. Praet. Ind. kommt, wo er sich von dem Plural-Vocal unterscheidet, nur noch in der 3. Sg. Pract. Ind. vor; in der 2. Sg. und in der 2. und 3. Plur. Praet. Ind., so wie im ganzen Conjunct. Praet. tritt der Vocal der 1. Plur. Praet. Ind. ein.

c) Dieser letztgenannte Vocal muss aber, wenn er umlautbar ist, in der 2. Sg. Pract. Ind. und im ganzen Conjunct. umlauten, weil in diesen Formen früher an den Stamm ein *i* oder *î* stieß.

d) In der vierten Conjugation muss der Stammvocal *a* auch in der 2. und 3. Sg. Praes. Ind. umlauten, weil auch hier im Althochdeutschen ein *i* in der Endung stand.

§. 19. Die Flexionen sind schon fast ganz zu dem Standpunct herabgesunken, auf welchem sie im Neuhochdeutschen stehen. Nur drei Abweichungen finden Statt: die 3. Plur. Praes. Ind. geht im Mittelhochdeutschen noch immer auf -*ent* (früher -*ant*), die 2. Sg. Pract. Ind. auf -*e* (früher -*i*), das unflectierte Particip. Praes. auf -*ende* (früher -*anti*) aus.

§. 20. Nach diesen Regeln ist nun die vollständige Abwandlung der beiden Verba *helfen* und *tragen* folgende.

Praesens.

Indicat.		Conjunct.		Imperat.		Infinit.		Particip.	
hilfe	*trage*	*hélfe*	*trage*	—	—	*hélfen*	*tragen*	*hélfende*	*tragende*
hilfest	*tregest*	*hélfest*	*tragest*	*hilf*	*trac*				
hilfet	*treget*	*hélfe*	*trage*	—	—				
hélfen	*tragen*	*hélfen*	*tragen*	—	—				
hélfet	*traget*	*hélfet*	*traget*	*hélfet*	*traget*				
hélfent	*tragent*	*hélfen*	*tragen*						

Praeteritum.

Indicat.	Conjunct.	Imperat.	Infinit.	Particip.
half truoc	hülfe trüege	—	—	geholfen getragen
hülfe trüege	hülfest trüegeſt			
half truoc	hülfe trüege			
hulfen truogen	hülfen trüegen			
hulfet truoget	hülfet trüeget			
hulfen truogen	hülfen trüegen.			

§. 21. Anmerkungen zu den ablautenden Conjugationen.

a) Zur 1. Conjugation. Hier entziehen sich die Vocale *i* in den Formen des Präsens und *u* im Partic. Praet. durchweg der Brechung, sobald auf den Stammvocal ein *m* oder *n* folgt. Also *klimme*, *klimmen*, *klimmende*, *geklummen*, nicht *klimme*, *klëmmen*, *klëmmende*, *geklommen*. Ebenſo *rinne*, *rimpfe*, *binde*, *ſinge*, *ſinke*, plur. *rinnen*, *rimpfen*, *binden*, *ſingen*, *ſinken*, Partic. Pract. *gerunnen*, *gerumpfen*, *gebunden*, *gefungen*, *gefunken*.

b) Zur 2. Conjugation. Das Verbum *weſen* verwandelt das *s* immer in *r*, sobald der Stammvocal lang wird, also *wir wären*, *ich waere* (aber noch nicht *ich war*, sondern immer *ich was*); zwei andere Verba *geneſen* und *leſen* thun dies nur mehr ausnahmsweise; die Formen *genäſen*, *läſen*, *genaeſe*, *laeſe* sind die gewöhnlicheren. — *pflegen* hat neben dem Particip. Pract. *gepflegen* auch schon *gepflogen*, und schwankt somit zwischen der zweiten und dritten Conjugation. Auch kommen schon schwache Formen davon vor (*pflegte*, *gepflegt*).

c) Zur 3. Conjugation. Das Verbum *komen* (daneben auch *kumen*) ist aus *quëmen* entstanden und würde darnach, der 3. Conjugation folgend, die Grundformen haben: *quime*, *quëmen*, *quam*, *quâmen*, *(ge)quomen*. Einige davon, wie namentlich *quam*, *quâmen*, Conjunct. *quaeme*, sind auch im Gebrauch, daneben aber *kam*, *kâmen*, *kaeme*, oder auch *kom*, *kômen*, *koeme*; das Particip. Praet. *komen*, seltner *kumen*. Das Praesens Ind. schwankt ebenfalls zwischen verschiedenen Formen: *ich kome* und *kume*, *du komeſt* und *kumeſt* (*kümeſt*), *er komet* und *kumet* (*kümet*); *wir komen* und *kumen* etc. Conjunct.: *ich kome* und *kume* (*küme*) etc. — Von dem Verbum *treffen* lautet nach einer allgemeinen Regel, dass ein geminierter Consonant vereinfacht wird, sobald der kurze Stammvocal in einen langen übergeht, der Plural. Praet. Indic. nicht *träffen*, sondern *träfen*, der Conjunct. Praet. *traefe*.

d) Zur 4. Conjugation. Die Verba, deren Stamm auf *h* ausgeht, *ſlahen* (schlagen), *twahen* (waschen), *gewahen* (erwähnen), nehmen statt dessen im Praeterit. Indicat. und Conjunct., sowie im Partic. Praet. ein *g* an (*ich ſluoc*, *wir ſluogen*, *ich ſlüege*, *geſlagen*, aber *ich ſlahe*, *du ſleheſt*, Imperat. *ſlach*).

e) Zur 5. Conjugation. α) Die auf *h* ausgehenden Stämme haben in der 1. und 3. Sg. Praet. Ind. statt des Diphthongen *ei* gewöhnlich *ê*, die

Verba *ſchrien*, *ſpien*, bald *ei* bald *ē* (*gedihe*, *gedēch*, *zihe*, *zēch*, *lihe*, *lēch*; *ſchrie*, *ſchrei* und *ſchrē*). — β) Das *ſ* und *z* der Stämme in -*iſ*- und -*iz*- wird verdoppelt, sobald der Stammvocal kurz ist (*griſe*, *greiſ*, *griffen*, *gegriffen*; *biʒe*, *beiʒ*, *biʒʒen*, *gebiʒʒen*). — Das Verbum *riſen* (fallen) behält nach kurzem Stammvocal das *ſ* entweder bei, oder verwandelt es in *r* (*riſe*, *reis*, *riſen* oder *rirn*, *geriſen* oder *gerirn*); die beiden schon angeführten Verba *ſchrien* und *ſpien* schieben, wenn das *i* des Stammes kurz wird, entweder ein *r* ein (*ſchrio*, *ſchrei*, *ſchrirn*, *geſchrirn*), oder nehmen statt des inlautenden -*ir*- die Verbindung -*iuw*- (*ſchriuwen*, *geſchriuwen*, *ſpiuwen*, *geſpiuwen*) an. — Die auf *d* und *h* ausgehenden Stämme nehmen nach kurzem Vocal statt dieser Consonanten *t* und *g* an (*ſnide*, *ſneit*, *ſniten*, *geſniten*; *mide*, *meit*, *miten*, *gemiten*; — *gedihe*, *gedēch*, *gedigen*; *zihe*, *zēch*, *zigen*, *gezigen*). Ausnahme bildet nur *lihen*, welches das *h* auch nach *i* beibehält (*lihe*, *lēch*, *lihen*, *gelihen*).

f) Zur 6. Conjugation. α) Zwei Verba haben statt des *iu* im Sg. Praes. Ind. *û* (*ſûſe* und *ſûge*) und behalten dasselbe in allen Präsensformen (*wir ſûgen*, 1. Sg. Praes. Conj. *ich ſûge*, Infinit. *ſûgen* etc.). — Die Stämme in -*iuw*- bleiben ebenfalls in allen Präsensformen unverändert und gehen nie in -*iew*- über (z. B. *ich bliuwe*, *wir bliuwen*, Infinit. *bliuwen* etc.); in der 1. und 3. Sg. Praet. Ind. gehen sie meist auf *ou* aus (*ich blou*), in der 1. Pl. Praet. Ind. und den davon abzuleitenden Formen haben sie gewöhnlich das *iu* des Praesens (*wir bliuwen*, *gebliuwen*). — Die auf die Spiranten *s* und *h*, so wie auf eine der drei Lingualen *d*, *t*, *z* ausgehenden Stämme, nehmen in der 1. und 3. Sg. Praet. Ind. statt des Diphthongen *ou* immer ein *ô* an (*vriuſe*, *vrôs*; *ziuhe*, *zôch*; *ſiude*, *ſôt*; *biute*, *bôt*; *giuʒe*, *gôʒ*). — β) Wie in der fünften Conjugation werden auch hier *ſ* und *z* verdoppelt, sobald der Stammvocal kurz wird (*triuſe*, *trouſ*, *truffen*, *getroffen*; *giuʒe*, *gôʒ*, *guʒʒen*, *gegoʒʒen*). — Ganz ähnlich wie in der fünften Conjugation verhält es sich hier auch mit den Consonanten *s*, *d* und *h* nach dem Stammvocal: sobald dieser kurz wird, gehen *s* und *d* immer in *r* und *t*, das *h* wenigstens in dem Verbum *ziehen* in *g* über (*vriuſe*, *vrôs*, *vrurn*, *gevrorn*; *ſiude*. *ſôt*, *ſuten*, *geſoten*; *ziuhe*, *zôch*, *zugen*, *gezogen*); das Verbum *vliehen* behält aber sein *h* (*vliuhe*, *vlôch*, *vluhen*, *gevlohen*).

B. Neuhochdeutsche starke ablautende Conjugationen.

§. 22. Sechs Conjugationen sind geblieben, aber vielfache Störungen des ursprünglichen Organismus haben Statt gefunden, wodurch die noch im Mittelhochdeutschen deutlich hervortretenden Unterschiede zwischen den einzelnen Conjugationen überhaupt und zwischen den Grundformen einer jeden im Besondern zum großen Theil mehr oder weniger verwischt und verdunkelt worden sind. Als Hauptursachen haben darauf vornehmlich hingewirkt:

a) Die Aufhebung des Unterschiedes zwischen kurzen und langen Stämmen und die dadurch herbeigeführte Verlängerung sehr vieler ursprünglich kurzen Vocale, oder die Verdoppelung der die Stämme schließenden einfachen Consonanten (vgl. §. 6, c.). So ist nun z. B. das *i* in *nimmt* geblieben, aber das *e* in *nehmen* lang geworden; in *ſtiehlt*, *ſtehlen* dagegen sind beide, *i* und *e*, verlängert.

b) Das Eindringen unorganischer Brechung. Dadurch ist in der 1. Sg. Praes. Indicat. der drei ersten Conjugationen überall (wo es sich nicht, wie im Mittelhochdeutschen, für alle Praesensformen erhält, z. B. in *binden*, *finden*, *gewinnen*, *ſchwimmen*) das *i* dem *e* oder *ë*, und in der sechsten Conjugation das *eu* (= mittelhochd. *iu*) dem *ie* gewichen (*ich helfe*, *gebe*, *ſtehle*, *biete*). Seltner hat dort das *e* oder *ë* aus der 2. und 3. Sg. Praes. Indicat. und aus der 2. Sg. Imperat. das *i* oder *ie* (= î) verdrängt, hier aber immer, wenigstens für den gewöhnlichen Sprachgebrauch, das *ie* den Diphthongen *eu* ersetzt (*hilffſt*, *hilft*, *gibſt*, *gibt* oder *giebſt*, *giebt*, *ſtiehlſt*, *ſtiehlt*, *hilf*, *gib* oder *gieb*, *ſtiehl*; dagegen *webeſt*, *webet*, *pflegeſt*, *pfleget*; — *bieteſt*, *bietet*, *zieheſt*, *ziehet*, *fliegeſt*, *flieget*, woneben nur mehr ausnahmsweise und im poetischen Gebrauch *beutſt*, *beut*, *zeuchſt*, *zeucht*, *fleugſt*, *fleugt*). Und so wie die im Mittelhochdeutschen noch ungebrochenen Vocale von Praesensformen, so haben auch die in den Formen der Praeterita jetzt gelitten, sowohl in der ersten wie in der sechsten Conjugation. z. B. *ſie ſchwollen*, *geſchwommen*, *geſonnen*; *wir zögen*, *floſſen*, *verlören*, *böten* (= mittelhochd. *ſwullen*, *geſwummen*, *geſunnen*; *zugen*, *vluʒʒen*, *verlurn*, *buten*). Näheres in den Anmerkungen zu den einzelnen Conjugationen.

c) Die Aufhebung des Unterschiedes zwischen dem Stammvocal des Singularis und des Pluralis im Praeteritum der drei ersten und der beiden letzten Conjugationen, wovon allein das Verbum *werden* eine Ausnahme macht (*ich ward*, *wir wurden*; neben jener organischen Singularform aber auch eine neugebildete *ich wurde*). In der fünften Conjugation war, wenn das Grundgesetz über den Ablaut (vgl. §. 16) nicht verletzt werden sollte, eine Änderung des Stammvocals *ei* für die 1. und 3. Sg. Praet. Indicat. nothwendig, da der Stammvocal des Praesens jetzt durchgehends aus *i* zu *ei* geworden war. Die Sprache half sich am natürlichsten dadurch, dass sie den in der alt- und mittelhochdeutschen Zeit bereits für die 2. Sg. Praet. Indicat. verwandten Vocal des Pluralis nun auch für die beiden andern Singularformen benutzte (z. B. *ritt, ritten, ſtieg, ſtiegen, blieb, blieben* = mittelhochd. *reit, riten, ſteic, ſtigen, bleip, bliben*). In der ersten Conjugation hat meistens der Vocal des Singulars den des Plurals verdrängt (*half, halfen, warf, warfen, ſann, ſannen, band, banden* = mittelhochd. *half, hulfen, warf, wurfen, ſan, ſunnen, bant, bunden*). Ausnahmen bilden die auf *ll, lk, lz* und *mm* ausgehenden Stämme, welche den in *o* gebrochenen Vocal *u* des Plur. Praeter. im Mittelhochdeutschen in den Singular herübergenommen haben (*quelle, quoll, quollen, melke, molk, molken, ſchmelze, ſchmolz, ſchmolzen, glimme, glomm, glommen;* aber *ſchwimme, ſchwamm, ſchwammen*). Bei der zweiten und der dritten Conjugation (in welche nun auch *befehlen* aus der mittelhochdeutschen ersten, *bevëlhen, bevalch*, eingetreten ist) herrscht das lange *a* des Plurals Praet. jetzt auch im Singular (*gebe, gab, gaben; leſe, las, laſen; ſehe, ſah, ſahen; eſſen, aß, aßen; ſtehle, ſtahl, ſtahlen; nehme, nahm, nahmen; treffe, traf, trafen; breche, brach, brachen; erſchrecke, erſchrak, erſchraken; befehle, befahl, befahlen*). In der sechsten Conjugation ist wieder das unorganisch gebrochene *u* des Plurals in den Singular getreten, was sich am deutlichsten zeigt in *fliege, flog, flogen; triefe, troff, troffen; ſchiebe, ſchob, ſchoben; gieße, goß, goſſen.*

- d) **Übertritt aus einer starken Conjugation in eine andere.** Die sechs mittelhochdeutschen Verba der dritten Conjugation *ich ſchir, ſwir, gir, erliſche, vihte, vlihte*, jetzt *ich ſchere, ſchwaere, gaere (gaehre), erlöſche, fechte, flechte*, und die beiden der zweiten *ich wibe, pflige*, jetzt *ich webe, pflege*, die auch in den übrigen Praesensformen, wo das Mittelhochdeutsche noch das *i* wahrte, dieses in *e, ae, ö* und *e* gewandelt haben, nehmen im Sing. und Plur. des Praeteriti, und die beiden letzten auch im Particip.

Praeter. *o* als Stammvocal an und treten somit in die Reihe der Verba erster Conjugation, deren Stamm auf *ll*, *lk*, *lz* und *mm* ausgeht (vgl. in diesem §. unter c.); z. B. *fchor, fchoren, gefchoren; erlofch, erlofchen, erlofchen; focht, fochten, gefochten; wob, woben, gewoben; pflog, pflogen, gepflogen* (oder auch schwach *pflegte, gepflegt*). Ebenso bildet das Verbum der zweiten mittelhochdeutschen Conjugation *ich wiege* diese Formen: *wog, wogen, gewogen*, hat dabei aber in den Praesensformen überall *î* (*ie*), *wiege, wiegen* etc., während zu *erwog, erwogen*, die Praesensformen durchweg *ae* haben (*erwaege, erwaegen*).

c) **Wechsel starker Formen mit schwachen und schwacher mit starken:** α) Wie es jetzt gewöhnlicher ist *pflegte* und *gepflegt* statt *pflog, gepflogen* zu sagen, so auch *malte* statt *mul*, *bellte* statt *boll*; neben *buk* hört man wenigstens oft auch *backte*; die Particip. Praet. von *malen* und *backen* lauten aber noch *gemalen, gebacken*, von *bellen* aber auch *gebellt*. Die mittelhochdeutschen Verba erster Conjugation *ich rimpfe* (neuhochd. *rümpfe*), *wirre* sind jetzt durchgehends schwach geworden (*rümpfte, gerümpft; wirrte, gewirrt*); nur von *verwirren* lautet das Particip. Praet. noch *verworren* neben *verwirrt*. — β) Die ursprünglich schwachen Verba *weifen* und das aus der Fremde herübergenommene *preifen* folgen jetzt der fünften starken Conjugation *ich weife, preife, wies, pries, wiefen, priefen, gewiefen, gepriefen*.

§. 23. Grundschema der sechs ablautenden Conjugationen.

	I.	II.	III.	IV.	V.	VI.
1. Sg. Praes. Ind.	*binde sinne helfe fchmelze*	*gebe effe*	*ftehle treffe nehme*	*fahre wachfe*	*fcheine greife reite*	*biege friere gieße*
1. Pl. Praes. Ind.	*binden sinnen helfen fchmelzen*	*geben effen*	*ftehlen treffen nehmen*	*fahren wachfen*	*fcheinen greifen reiten*	*biegen frieren gießen*
1. Sg. Praed. Ind.	*band sann half fchmolz*	*gab aß*	*ftahl traf nahm*	*fuhr wuchs*	*fchien griff ritt*	*bog fror goß*

	I.	II.	III.	IV.	V.	VI.
1. Pl. Pract. Ind.	*banden sannen halfen schmolzen*	*gaben aßen*	*stahlen trafen nahmen*	*fuhren wuchsen*	*schienen griffen ritten*	*bogen froren gossen*
Partic. Praeter.	*gebunden gesonnen geholfen geschmolzen*	*gegeben gegessen*	*gestohlen getroffen genommen*	*gefahren gewachsen*	*geschienen gegriffen geritten*	*gebogen gefroren gegossen*

§. 24. Anmerkungen zu den ablautenden Conjugationen.

a) **Flexionen.** Die 2. Sg. Pract. Ind. geht jetzt nicht mehr auf *-e*, sondern wie dieselbe Person im Praes. Ind. Conj. und im Pract. Conj., auf *-est* aus; der Stammvocal ist, nach Aufhebung des Unterschiedes zwischen dem des Sing. und dem des Plur., derselbe wie in der 1. Sg. (*half, halfst; schmolz, schmolzest*). Auch im Zeitwort *werden* tritt das *a* der 1. Sg. und nicht das *u* des Plur. ein (*ward, wardst, wurden*, daneben jedoch *wurde, wurdest, wurden*). In der 2. Sg. Imper. wird häufig, aber eigentlich missbräuchlich, *-e* angehängt, wenn in den Praesensformen durchaus kein Wechsel zwischen reinem und gebrochenem Vocal Statt findet, z. B. *singe, winde, webe, fahre, trage, steige, biege, biete.* Haben sich dagegen in der 2. und 3. Sg. Praes. Ind. und in der 2. Sg. Imper. die Vocale der Brechung erwehrt, so bleibt das *-e* in der Regel fort; z. B. *hilf, stirb, nimm, gieb, zeuch, fleuch.* Doch findet man oft *siehe* statt *sieh* und von *werden* immer *werde*, nie *wird*. — Von der 3. Pl. Praes. Ind. ist das *t* abgefallen (*sie helfen*, nicht mehr *sie helfent*), von der unflectierten Form des Partic. Praes. das *e* (*helfend*, nicht *helfende*). — Vor dem *st* und dem *t* der 2. Sg. Praes. Ind. schwindet sehr häufig das *e* der Flexion, und zwar regelmäßig in den drei ersten Conjugationen und in der sechsten, wenn der Stammvocal nicht durch alle Formen des Sing. und Plur. derselbe bleibt (*hilfst, hilft; nimmst, nimmt; giebst, giebt; zeuchst, zeucht*); sehr oft auch vor dem *t* der 2. Plur. Praes. Ind. und Imper., seltener vor dem *st* der 2. Sg. Conj.

b) **Zur 1. Conjugation.** Das ursprüngliche *i* des Stammes erhält sich in allen Praesensformen, wie im Mittelhochdeutschen, vor den Consonanten *m* und *n*. Über die Verwendung der Vocale *a* und *o* im Pract. Ind. vgl. §. 22, c. Im Partic. Pract. erhält sich der reine Vocal *u* nicht mehr vor *mm* und *nn*, sondern nur vor *n*, auf das eine Muta folgt: *binde, gebunden; singe, gesungen; sinke, gesunken.* — Der umgelautete Vocal des Pract. Conj. schwankt zwischen *ä* und *ü*, wo der Indic. *a* hat, doch waltet das *ä* vor (*gälte, begänne, schwämme, fände, fänke, fänge, bärge*, aber *verdürbe, stürbe, würbe, würfe, würde, hülfe* besser als *hälfe*). Wo im Indic. ein *o* gilt, hat der Conj. *ö* (*schmölze, schwömme, schwölle*). Ebenso haben die aus der 2. und 3. Conjugation in die erste übergetretenen (vgl. §. 22, d.) *ö* oder *oe* (*woebe, pflöge, woege, föchte, flöchte, schoere*).

c) Zur 2. Conjugation. In dem Zeitwort *wefen*, das aber in den Praesensformen nicht mehr vorkommt, ist nun auch das *s* der 1. und 2. Sg. Praet. in *r* übergegangen: *ich, er war*. Dagegen wahren *lefen* und *genefen* überall ihr *s*. — Der Umlaut des Praet. Conjunct. ist durchgehends *ae*.

d) Zur 3. Conjugation. Das Verbum *kommen* hat im Praes. Ind. bald *komme, kommst, kommt, kommen* etc., bald *komme, kömmst, kömmt, kommen* etc.; im Conj. *komme* etc.; Imper. *komm* etc.; Inf. *kommen;* Partic. *kommend;* Praet. Ind. *kam, kamst* etc.; Conj. *kaeme* etc.; Partic. *gekommen*. Das mittelhochd. *brifte* ist zu *berfte, barft, barften, geborften* geworden. Der Stammvocal des Praet. Conjunct. ist überall *ae* oder *ä (bärfte)*.

e) Zur 4. Conjugation. Das mittelhochd. *ftahen* (die beiden andern Verba, deren Stamm auf *h* ausgieng, sind verschwunden) hat nun auch in den Praesensformen durchweg *h* für *g* aufgegeben (*ich fchlage, fchlagen* etc.). — Der Umlaut (*ae* oder *ä*) gilt im Praes. Ind. immer für die 2. und 3. Sg. (*fchlaegst, fchlaegt; wächst = wächfeft, wächft*); für das Praet. Conj. ist er *ü* (lang): *fchlüge, wüchfe*.

f) Zur 5. Conjugation. Vor *f, t, ß* und *ch* haben das Praet. und Partic. Praet. kurzes *i* mit folgendem *ff, tt, ff* und *ch;* bei vocalisch schließendem Stamm, so wie vor Liquida, Media und Spirans langes *i* (geschrieben *ie*). Das mittelhochd. *rifen* ist geschwunden, *fchrien* und *fpien*, jetzt *fchreien* und *fpeien*, haben das Praeter. *fchrie, fchrieen, fpie, fpieen*, das Partic. Praet. *gefchrieen, gefpieen*. Die beiden auf *d* ausgehenden Stämme *leiden* und *fchneiden* behalten das schon früher eingetretene *t* für *d* im Praet. Ind., Conj. und im Particip. Praet., müssen es aber jetzt verdoppeln (*litt, litten, gelitten; fchnitt, fchnitten, gefchnitten*); dagegen hat *meiden* es aufgegeben (*mied, mieden, gemieden*). Das ursprünglich reduplicierende Verbum *fcheiden* ist in diese Conjugation übergetreten und geht ganz wie *meiden*. — Ein Übergang des *h* in *g* findet im Praeterit. der Verba *gedeihen* und *zeihen* nicht mehr Statt, sie gehen wie *leihen* (*lieh, gedieh, zieh, geliehen, gidiehen, geziehen*); doch hat sich das Partic. Praet. *gediegen* als Adjectiv erhalten. —

g) Zur 6. Conjugation. Vor *f* und *ß* im Praet. und Partic. Praet. kurzes *o* mit folgendem *ff* und *ff*, dagegen langes vor Media und Spirans, auch vor *t* in *bieten*, wogegen in *fieden* nach mittelhochdeutschem Vorgange der Vocal kurz ist mit folgendem *tt* (*fott, fotten, gefotten*). — Das *s* der mittelhochdeutschen Verba *verliefen, vriefen* ist jetzt durchweg von dem *r* verdrängt (*verliere, verlieren, verlor, verloren*); in *erkiefen* haben es die Praesensformen gewahrt, aber das Praet. lautet jetzt auch nicht mehr *erkos, erkoren*, sondern *erkor, erkoren*. — Im Verbum *ziehen* tritt das *g* jetzt auch in den Sing. Praet. Ind. (*zog, zogen, gezogen*). — Die mittelhochdeutschen Verba mit *-iuw-* im Stamm sind jetzt, sofern sie noch geblieben, schwach geworden, z. B. *riuwen*, neuhochd. *reuen, reute, gereut*. — In *faugen* und *faufen* ist das mittelhochd. *û* regelrecht in *au* übergegangen (Praet. *sog, gefogen, foff, gefoffen*); aber das *au* findet sich auch in den Praesensformen noch andrer Verba, wie in *ftaube* (neben *ftiebe*, mittelhochd. *ftiube*), *fchnaube, fchraube;* und in zwei andern gar *ü* (lang): *lüge, log, trüge* (doch auch *triege*), *trog*.

C. Mittelhochdeutsche starke reduplicierende Conjugationen.

§. 25. Mit Zurückweisung auf das bereits §. 14, d. Bemerkte, ist über diese Conjugationsart noch Folgendes anzuführen.

a) Die Eintheilung in mehrere, entweder rein reduplicierende oder reduplicierend ablautende Conjugationen, wie sie sich nach den Stammvocalen für das Gothische aufstellen lässt, ist für das Mittelhochdeutsche unnöthig, da alle ursprünglich reduplicierenden Verba, mag ihr Stammvocal jetzt *a* oder *â, ei, ô, ou, uo* sein, denselben im Practeritum gleichmäßig in *ie*, selten in *iu* verwandeln.

b) Der Stammvocal der 1. Sg. Praes. Ind. gilt auch für alle übrigen Praesensformen, so wie für das Particip. Practoriti, nur dass in der 2. und 3. Sg. Praes. Ind., weil im Althochdeutschen in der Flexionsendung ein *i* war, das *a* und *â* zu allermeist, das *ô* mitunter, aber nicht die Diphthongen *ou*, und *uo* umlauten. Für alle Formen des Pract. Ind. und Conj. wird nur der Diphthong *ie* (oder *iu*) im Stamm angewandt.

c) Der Diphthong *iu* tritt im Pract. von *houwen* ein (*houwe, hiu, hiuwen, gehouwen*), selten in *loufen* (*liuf* gewöhnlich *lief*).

d) Die Flexionen sind ganz so, wie bei den starken ablautenden Verben.

Beispiele: *valle, viel, vielen, gevallen*
ar, ier, ieren, gearn
slâfe, slief, sliefen, geslâfen
lâze, liez, liezen, gelâzen
scheide, schiet, schieden, gescheiden
heize, hiez, hiezen, geheizen
stôze, stiez, stiezen, gestôzen
houwe, hiu, hiuwen, gehouwen
loufe, lief, liefen, geloufen
ruofe, rief, riefen, geruofen

§. 26. a) Die Verba dieser Conjugationsform, die *â, ei, ô, ou, uo* als Stammvocal des Praesens haben, sind schon in diesem Tempus leicht von den ablautenden zu unterscheiden, da keines von diesen einen jener Vocale im Praesensstamm hat. Verwechselungen könnten allein bei den Zeitwörtern mit *a* im Praesensstamm vorkommen; allein auch hier ist nur das einzige *arn* als ursprünglich reduplicierendes zu merken. Die übrigen mit - einfachem Consonanten oder mit *ff*, *ch*, *fch* und *hf* nach dem Stamme folgen der vierten ablautenden, alle auf geminierte Liquida oder eine Liquida mit einem andern Consonanten ausgehenden Stämme der reduplicierenden Conjugation; z. B. *walle, wiel; banne, bien; halte, hielt; fchalte, fchielt; valte, vielt; walte, wielt; halfe, hiels; walze, wielz; walke, wiele; enblande, enblient.*

b) Von *ldzen* kommen öfter contrahierte oder gekürzte Formen vor: im Sg. Praes. Ind. *ldn, ldft* oder *laeft, ldt* oder *laet*, Plur. *ldn, ldt, ldnt;* Imper. *ld;* Inf. *ldn;* im Praet. 1. und 3. Sg. *lie;* Part. Pract. *ldn.*

D. Neuhochdeutsche starke reduplicierende Conjugationen.

§. 27. Die noch stark gebliebenen Verba mit den Stammvocalen *a, d, ei, ó, au, ù* behalten in allen Formen des Praeteriti Ind. und Conj. den nun als *i* ausgesprochenen Diphthongen *ie* und im Particip. Pract. den Vocal des Praesens. Der Umlaut tritt in der 2. und 3. Sg. Praes. Ind. immer ein, wenn einer der Vocale *a, d, ó* im Stamme steht, nicht bei *ù* (*rufft, ruft*), schwankend bei *au* (*läufft, läuft* und *laufft, lauft;* aber immer *hauest, hauet* oder *hauft, haut,* nie *häuest, häuet* oder *häuft, häut*). — Das Verbum *hauen* bildet das Praeterit. *hieb, hieben* (vgl. §. 25, d). — Die 2. Sg. Imper. nimmt öfter ein *e* an, z. B. *valle, rufe* etc.

§. 28. Das Verbum *fcheiden* ist in die fünfte ablautende übergetreten (vgl. §. 24, f.). Viele andere, die noch im Mittelhochdeutschen zu den reduplicierenden gehörten, und zwar die meisten von denen mit dem Stammvocal *a*, wie *walle, fchalte, fpalte, valte, walte, halfe, falze, walze, walke, banne, fpanne,* gehen jetzt entweder durchweg schwach oder haben allein noch die starke Participialform im Praeterit., wiewohl auch nicht immer, gewahrt, wie *gefpalten, gefalzen,* daneben aber auch *gefpaltet, gefalzt.*

E. Mittelhochdeutsche schwache Conjugationen.

§. 29. Wie das Gothische besitzt auch noch das Althochdeutsche drei schwache Conjugationen, von denen die erste die mit *i*, die zweite die mit *ô* und die dritte die mit *é* abgeleiteten Verba befasst. Die erste zerfällt dabei in zwei Unterabtheilungen, in die eine gehören die Verba mit kurzem, in die andere die mit langem Stamme. Nur in jener hat sich der Ableitungsvocal fast in allen Formen entweder unverändert oder (vor Flexionsvocalen) als *j* erhalten, in dieser ist er meistens schon ausgefallen, namentlich im Praet. Ind. und Conj., so wie im flectierten Particip. Pract. — In den kurzstämmigen Verben tritt daher bei umlautbarem Stammvocal stäts der Umlaut ein, in den Formen des Praeteriti sowohl wie in denen des Praesens. Bei den langstümmigen dagegen lauten nur die Praesensformen und das unflectierte Particip. Praeteriti (in welchem sich gewöhnlich auch noch der Ableitungsvocal erhalten hat) um, während das Pract. Ind. und Conjunct. sammt dem flectierten Particip. Pract. wieder den reinen Vocal annehmen oder, wie man es bezeichnet hat, rückumlauten.

Beispiele: a) mit kurzem Stamm: Praes. Ind. 1. Sg. *nerju*, 1. Pl. *nerjamés;* Inf. *nerjan;* Pract. Ind. 1. Sg. *nerita*, 1. Pl. *neritumés;* Partic. Praet. *ganerit*.

b) mit langem Stamm und entweder umlautbarem oder nicht umlautbarem Vocal: Praes. Ind. 1. Sg. *prennu*, *fullu*, 1. Pl. *prennamés*, *fullamés;* Inf. *prennan*, *fullan;* Pract. Ind. 1. Sg. *pranta*, *fulta*, 1. Plur. *prantumés*, *fultumés;* Partic. Praet. *gaprennit*, *gafullit* und *gaprantér*, *gafultér*.

Beispiele 2. und 3. schwacher Conjugation: Praes. Ind. 1. Sg. *falpóm*, *hapém*, 1. Pl. *falpómés*, *hapémés;* Inf. *falpón*, *hapén;* Pract. Ind. 1. Sg. *falpóta*, *hapéta*, 1. Pl. *falpótumés*, *hapétumés;* Partic. Praet. *gafalpót*, *gahapét*.

§. 30. Im Mittelhochdeutschen dauern die beiden Unterabtheilungen der ersten Conjugation fort, der Unterschied zwischen der zweiten und dritten ist aber aufgehoben, indem die beiden Ableitungsvocale *ô* und *é* zu einem tonlosen oder auch stummen *c* geworden sind, so dass nur noch zwei schwache Conjugationen bestehen.

§. 31. Das ableitende *i* ist nun auch in den kurzstämmigen Verben geschwunden, sowohl in den Formen des Praesens, wie im Praet. und Partic. Praet., zeigt jedoch sein früheres Vorhandensein in dem durchgehends umgelauteten Stammvocal (z. B. *lege, legen, legte, legten, gelegt; ner, nern, nerte, nerten, genert; fpür, fpürn, fpürte, fpürten, gefpürt*). In langstämmigen hat es sich nur noch als *j* in den Praesensformen einer Anzahl von Verben erhalten (z. B. *draejen, glüejen*), von denen nachher bei den anomalen Zeitwörtern noch die Rede sein wird (vgl. §. 49, β). In den übrigen zeigt es sich nur als tonloses, Umlaut wirkendes *e*, häufig im ungekürzten Partic. Praet. (z. B. *gebrennet, geftellet, enzündet, behütet* neben den rückumlautenden Kürzungen *gebrant, geftalt, enzunt, behuot*), und außerdem, aber selten, vor dem Suffix des Praet. Ind. und Conj. (z. B. *endete, prüevete*). —. Das ableitende *ô* und *é* der althochdeutschen Verba 2. und 3. Conjugation haftet in der zweiten mittelhochdeutschen nach langen Stämmen als tonloses *e* gewöhnlich vor dem Suffix des Praeter. und dem *t* des Particip. Praet., fällt aber auch schon öfter aus. Wo es nach kurzem Stamm stumm geworden, schwindet es in beiden Fällen nach einer Liquida in der Regel, nach einem andern Consonanten wenigstens häufig (z. B. *salbete, salbeten* und *salbte, salbten; gefalbet; wonte, wonten, gewont; lobte, lobten* und *lobete, lobeten; gelobet* und *gelobt*). — Bisweilen haftet auch noch, meist in volksthümlichen Gedichten, das alte *ô*, vornehmlich im Partic. Praet., z. B. *verféröt, ermorderöt, gewarnöt*.

§. 32. In den langstämmigen erster Conjugation ist in den Praesensformen, so wie in dem ungekürzten Partic. Praet. fast überall der Umlaut durchgedrungen, wenn der Stammvocal überhaupt umlautbar war; Ausnahmen machen *u* vor gewissen Consonantverbindungen (*dulden, jungen*), *ou* (*gelouben*) und *uo* in *fuochen* und *ruochen*. Im Praet. Ind. und Conj. aber und im gekürzten Partic. Praet. bildet der Rückumlaut die Regel (z. B. *ftelle, ftalte, geftalt; fende, fante, gefant; fülle, fulte, gefult; zünde, zunte, gezunt; waene, wânte; troefte, trófte, getróft; briune, brünte; küele, kuolte*). Nicht tritt er in den Stämmen -*elt*, -*ert* ein; die auf -*end*, -*erb*, -*ett*, -*eft*, -*ürt* schwanken mundartlich zwischen Umlaut und Rückumlaut; bei einigen andern (-*ünd*, -*ütt*, -*ilft*) ist das Schwanken wenigstens wahrscheinlich. — Nach dem Rückumlaut oder Umlaut im Praet. Ind. richtet sich auch das Praet. Conj. (*brante*, *hörte*, *wânte* hier wie dort).

§. 33. Die Flexionen sind auch hier schon ganz wie im Neuhochdeutschen, nur wahrt, wie in den starken Conjugationen, die 3. Pl. Praes. Ind. noch das *t* nach -*en* (*legent*, *nernt*, *brennent*, *lobent*, *falbent*), und das Particip. Praes. im flexionslosen Zustande gemeiniglich das *e* nach -*end* (*legende*, *nernde* etc.).

§. 34. Da in den Flexionen kein Unterschied zwischen der ersten und zweiten Conjugation ist, und da auch in der zweiten der Ableitungsvocal, selbst nach langen Stämmen, vor dem Consonanten *t* öfter ausfällt, so gibt es für das Mittelhochdeutsche, ohne Hinzuziehung des Althochdeutschen, nur einen practischen Eintheilungsgrund für die beiden Conjugationen, den Umlaut und Nichtumlaut des Stammvocals in den Praesensformen. Demgemäß rechnen wir alle schwachen Verba mit umgelautetem Stammvocal zur ersten, alle mit nicht umgelautetem zur zweiten Conjugation, ohne darauf Rücksicht zu nehmen, ob die Verba mit den Vocalen *i*, *é*, *î*, *ei*, *ie*, *ou* und *uo* im Stamme einst mit *i* oder *ô* oder *é* abgeleitet worden sind.

§. 35. Beispiele vollständiger Abwandlung von Zeitwörtern der 1. und 2. schwachen Conjugation.

I. Conjugation.

a) **Kurzstämmige Verba.**

	Indicat.		Conjunct.		Imperat.		Infinit.		Particip.
Praes.	*ner*	*lege*	*ner*	*lege*	—	—	*nern*, *legen*		*nernde*, *legende*
	nerst	*leg(e)st*	*nerst*	*legest*	*ner*	*lege*			
	nert	*leg(e)t*	*ner*	*lege*	—	—			
	nern	*legen*	*nern*	*legen*	*nert*	*leg(e)t*			
	nert	*leg(e)t*	*nert*	*leget*	—	—			
	nernt	*legent*	*nern*	*legen*					
Praet.	*nerte*	*legte*	*nerte*, *legte*		—	—	—	—	*genert*, *gelegt*
	nertest	*legtest*	wie der						
	nerte	*legte*	Indicativ.						
	nerten	*legten*							
	nertet	*legtet*							
	nerten	*legten*							

b) Langstämmige Verba.

	Indicat.	Conjunct.	Imperat.	Infinit.	Particip.
Praes.	brenne	vülle	brenne	vülle	— —	brennen, vüllen	brennende, vüllende
	brenneſt	vülleſt	brenneſt	vülleſt	brenne vüllet	
	brennet	vüllet	brenne	vülle	— —
	brennen	vüllen	brennen	vüllen	brennet vüllet
	brennet	vüllet	brennet	vüllet	— —
	brennent	vüllent	brennen	vüllen

Praet.	brante	vulte	brante, vulte	— —	— —	gebrennet, gevüllet
	branteſt	vulteſt	wie der	— —	— —	gebrant, gevult
	brante	vulte	Indicativ.
	branten	vulten
	brantet	vultet
	branten	vulten

II. Conjugation.

a) Kurzstämmige Verba.

	Indicat.	Conjunct.	Imperat.	Infinit.	Particip.
Praes.	man	lobe	man	lobe	— —	manen, loben	manende, lobende
	manſt	lobeſt	manſt	lobeſt	man lobe
	mant	lob(e)t	man	lobe	— —
	manen	loben	manen	loben	— —
	mant	lob(e)t	mant	lobet	mant lob(e)t
	manent	lobent	manen	loben

Praet.	mante	lob(e)te	mante lob(e)te	— —	— —	gemant, gelob(e)t
	manteſt	lob(e)teſt	wie der
	mante	lob(e)te	Indicativ.
	manten	lob(e)ten
	mantet	lob(e)tet
	manten	lob(e)ten

b) Langstämmige Verba.

	Indicat.	Conjunct.	Imperat.	Infinit.	Particip.
Praes.	salbe	salbe	—	salben	salbende
	salbeſt	salbeſt	salbe
	salbet	salbe	—
	salben	salben	—
	salbet	salbet	salbet
	salbent	salben

Praet.	salbete (salbte)	salbete	—	—	gesalbet
	salbeteſt	wie der
	salbete	Indicativ.
	salbeten (salbten)
	salbetet
	salbeten

§. 36. **Anmerkungen zu den schwachen Conjugationen.**

a) Das *iu* in Stämmen erster Conjugation ist nicht immer der Umlaut von *û*, sondern auch das alte ursprüngliche, z. B. in *liuhten (lucere)*; gleichwohl tritt auch in solchen Verben der Rückumlaut für das Praet. ein *(lûhte)*.

b) Geminierter Consonant, also auch *tz* und *ck*, wird im Praet. und gekürzten Particip. Praet. der Verba erster Conjugation vereinfacht (*brenne, brante, gebrant; ſtelle, ſtalte, geſtalt; zerre, zarte, gezart; ſetze, ſazte, gefazt; decke, dacte, gedact* (vgl. aber auch §. 9.); *ſchiffe, ſchifte; miſſe, miſte.* — In derselben Conjugation fallen in den auf *d* und *t* ausgehenden Stämmen diese Consonanten in der Regel vor dem *t* des Praeter. und Particip. Praeter. aus (z. B. *blenden, blante; künden, kunte; heften, hafte; gülten, guſte; lüften, lufte; bleſten, blaſte; troeſten, trôſte; leiſten, leiſte; wüeſten, wuoſte; retten, ratte; loeten, lôte; leiten, leite; brüeten, bruote; dürſten, durſte; pflihten, pflihte; liuhten, lûhte*), wo denn freilich, wenn der Vocal nicht umlautbar ist, viele Formen des Praes. und des Praet. ganz gleich werden (z. B. die 1. Sg. Praes. Ind. mit der 1. Sg. Praet. in *leiſte, leite, pflihte*). Über den Übergang des *lt* und *ld* (z. B. in *ſande, dulde* statt *ſante, dulte*) vgl. §. 9., wo auch schon angemerkt ist, dass das den Stamm schließende *g* vor *t* öfter in *k* oder *c* übergeht, daher *rüege, ruocte; enge, ancte.*

c) Da in dreisilbigen Wortformen, deren zweite Silbe eine der Bildungsendungen *-el, -em, -en, -er* ist, nach mittelhochdeutscher Betonungsregel bei kurzer Stammsilbe das *e* der zweiten stumm, das der dritten tonlos, bei langer Stammsilbe aber umgekehrt, das *e* der zweiten tonlos und das der dritten stumm ist, so fällt zwar nach jenen auf einfache Liquida ausgehenden Bildungssilben das Flexions-*e* und nach der Bildung -*en* die Flexion -*en* weg, wenn der Stamm lang, jedoch nicht, wenn er kurz ist. Diese Regel gilt für die so gebildeten Verba beider schwachen Conjugationen.

    Beispiele: *klingel, klingeln, klingelnde, geklingelt; wunder, wundern, wundernde, gewundert; wäfen, wâfen, wâfende, gewâfent*, und nicht *klingele, klingelen, klingelende, geklingelet; wundere, wunderen, wunderende, gewunderet; wâfene, wâfenen, wâfenende, gewâfenet.* Aber

    rigele, rigelen, rigelende, gerigelet; redeme, redemen, redemende, geredemet; ſegene, ſegenen, ſegenende, geſegenet; kobere, koberen, koberende, gekoberet, und nicht *rigel, rigeln, rigelnde, gerigelt* etc.

d) Im Praeterit. Ind. und Conjunct. tritt hier, gleichviel ob der Stamm kurz oder lang ist, die Flexion unmittelbar an die Bildungssilbe, also: *rigelte, vedemte, ſegente, koberte* und *klingelte, wunderte, wâfente.*

e) Die so gebildeten Verba erster Conjugation nehmen im Praet. und gekürzten Partic. Praet. nicht den Rückumlaut an, wenn sie im Praesens umgelauteten Stammvocal haben, also: *negele, negelte, vüeter, vüeterte*, nicht *negele, nagelte, vüeter, vuoterte.*

f) Im Althochdeutschen endigte sich die 1. Sg. Praes. Ind. der zweiten und dritten Conjugation auf *m*, später *n* (*falpôm*, -*ôn*; *hapêm*, -*ên*). Im Mittelhochdeutschen sind davon noch einige Spuren, wie in *ich fagen*, *ich klagen*, *ich lëben* und besonders in einigen unregelmäßigen Verben.

F. Neuhochdeutsche schwache Conjugationen.

§. 37. Die beiden Conjugationen, wie sie sich im Mittelhochdeutschen schieden, bestehen zwar noch im Ganzen, indem alle Verba, die im Stamme umgelauteten Vocal haben, der ersten, alle mit nicht umgelautetem oder nicht umlautbarem Vocal der zweiten zufallen. Im Besondern aber hat sich wieder mancherlei verändert.

§. 38. Die beiden frühern Unterabtheilungen der ersten Conjugation sind nun, nachdem alle Stämme lang geworden sind, zusammengefallen. Aber die ehemals kurzstämmigen folgen nicht der Regel der ehemals langstämmigen, sondern das Umgekehrte ist eingetreten, insofern als die letztern bis auf wenige Ausnahmen den Rückumlaut im Praeterit. und im gekürzten Particip. Praeter. aufgegeben haben und den Umlaut auch durch diese Formen durchführen. So wie es

nachre, nachrte, genachrt; lege, legte, gelegt heißt, so auch *hoere, hoerte, gehoert; fuehre, fuehrte, gefuehrt; fülle, füllte, gefüllt; ftelle, ftellte, geftellt; zünde, zündete, gezündet; leuchte, leuchtete, geleuchtet.*

Ausgenommen sind einige, aber nicht alle Stämme auf -*enn* und -*end*, und zwar *kennen, brennen, nennen, rennen, fenden* und *wenden*, mit dem Praet. Ind. *kannte, brannte, nannte, rannte, fandte* und *wandte;* aber kein *trennen, trannte*, sondern *trennte*, und kein *blenden, blandte, fchwenden, fchwandte*, sondern *blendete*, *fchwendete.* Und selbst von jenen haben die meisten auch eine umgelautete Form *brennte, nennte, rennte, fendete, wendete.* Im Praet. Conj. ist der Umlaut sogar Regel: *kennte, brennte, nennte, fendete, wendete.* Die Particip. *gekennt, gebrennt, genennt, gerennt* kommen nicht leicht neben *gekannt, gebrannt, genannt, gerannt* vor, wohl aber *gefendet, gewendet* neben *gefandt, gewandt.*

§. 39. Der ehemalige, durch den regelmäßigen Ausfall des Ableitungsvocals in der ersten und sein, wenn nicht durchgängiges, doch häufiges und bei langstämmigen selbst gewöhnliches Verbleiben in der zweiten bestehende Unterschied zwischen beiden Conjugationen ist jetzt auch so g t wie aufgehoben. In den Zeitwörtern der ersten wird oft ein *e* dem Suffix des Praeteritum vorgeschoben: *mengete, wärmete, enterbete;* und bei Stämmen, die auf *t* auslauten, immer, bei denen auf *d* in der Regel: *hütete, leitete, heftete, bettete, mäftete, vergiftete, richtete, verwüftete, tröftete, duldete, pfändete, fchwendete, fchändete, mordete* etc., und ebenso oft, wo nicht öfter, das *e* vor dem Suffix der zweiten Conjugation ausgestoßen: *wallte, tanzte, dankte, harrte, fchaffte, haßte, lachte, machte, folgte, mahlte, gebarte, wagte* etc. Bloß nach den auf *t* und *d* ausgehenden Stämmen erhält es sich auch hier: *wartete, taftete, trachtete, ladete, fchadete, verleidete, meldete.* — Die Vereinfachung geminierter Consonanz vor dem *t* im Praet. und Partic. Praet. (vgl. §. 36, b.) findet nicht mehr Statt, und in den rückumlautenden Formen von *fenden* und *wenden* wird das *d* beibehalten, *fandte, wandte, gefandt, gewandt.*

§. 40. Bildungen mit -*el*, -*em*, -*en*, -*er* stoßen in den Praesensformen bald das *e* der Bildungssilbe, bald das der Flexion aus (*läch(e)le, lächelft, lächelt, lächeln; wund(e)re, wunderft, wundert, wundern; feg(e)ne, fegenft* und *fegneft, fegent* und *fegnet, feg(e)nen; athme, athmeft, athmet, athmen*); die Bildungen mit -*ig* das *e* der Flexion vor *ft* und *t* (*huldige, huldig(e)ft, huldig(e)t*). Vor dem *t* des Praeter. und Partic. Praet. füllt das *e* regelmäßig aus nach den Bildungen mit -*el*, -*er*, -*ig* (*lächelte, wunderte, huldigte*); die Bildungen mit -*em* und -*en* geben dagegen lieber ihr *e* auf, und lassen das vor dem *t* stehen (*athmete, fegnete*).

§. 41. In den Flexionen hat sich gegenüber dem Mittelhochdeutschen, abgesehen von den Verschiedenheiten in der Weise des Ab- und Auswerfens eines *e*, nichts weiter geändert, als dass, wie in den starken Conjugationen, die 3. Pl. Praes. Ind. ihr *t* nach dem *n* und das unflectierte Partic. Praes. das *e* nach der Flexionssilbe -*end* verloren haben.

G. Anomalien der mittelhochdeutschen Conjugation.

§. 42. a) Das Verbum *sin*.

Praes. Ind. *bin, bist, ist; sin* oder *birn, sit* oder *birt, sint.*
Conj. *si, sist, si; sin, sit, sin* (selten *sie, siest* etc., oder
..sige, sigest etc.)
Imp. *bis* und *wis; sit* und *wëset.*
Inf. *sin* und *wësen;* Partic. *wësende.*
Praet. Ind. *was, waere, was; wâren, wâret, wâren.*
Conj. *waere, waerest, waere; waeren, waeret, waeren.*
Part. *gesin* und *gewësen* (auch *gewëst*).

Die verschiedenen diesen Formen zum Grunde liegenden Stämme lassen sich nur aus dem Gothischen und Althochdeutschen in Vergleichung mit dem Lateinischen, Griechischen und dem Sanskrit vollkommen anschaulich machen.

§. 43. b) Die Verba *gunnen* (= *ge-unnen* nebst *enbunnen, erbunnen, verbunnen* = *ent-be-unnen, er-be-unnen, verbe-unnen,* d. h. *mißgönnen*), *kunnen* oder *künnen, durfen* oder *dürfen, turren* oder *türren* (*wagen*), *mugen* oder *mügen, suln* oder *süln, milezen, wizzen,* und *tugen* oder *tügen* (*taugen*).

Aller Praesensformen ermangelnd, verleihen diese Verba den starken ablautenden Formen ihrer Praeterita Bedeutung des Praesens und bilden dann für die Bedeutung des Praeteriti schwache Formen. Sie vertheilen sich unter die sechs ablautenden Conjugationen also:

In die erste: *gunnen, kunnen, durfen, turren* (muthmaßliche
1. Sg. Praes. Ind. *ginne, kinne, dirfe, tirre*).
- - zweite: *mugen* (muthmaßliche 1. Sg. Praes. Ind. *mige*).
- - dritte: *suln* (althochd. *sculan*) (muthmaßliche 1. Sg. Praes. Ind. *sil*).
- - vierte: *milezen* (muthmaßliche 1. Sg. Praes. Ind. *mazze*).
- - fünfte: *wizzen* (- - - - *wize*).
- - sechste: *tugen* (- - - - *tiuge*).

Vorläufig zu bemerken ist auch noch, dass die 2. Sg. des starken Praeter. Indic. mit Praesensbedeutung den Stammvocal der 1. Sg. bewahrt und an den Stamm *t* (oder *st*) hängt, was im Gothischen, aber nicht mehr im Althochdeutschen, für alle

Praeterita starker Verba gilt, und dass im Pluralis desselben Tempus häufig der unorganische Umlaut eingedrungen ist.

Abwandlung dieser Verba.

I.

Praes. Indicat.

gan	kan	darf	tar
ganſt	kanſt	darſt	tarſt
gan	kan	darf	tar
gunnen, günnen;	kunnen, künnen;	durfen, dürfen;	turren, türren
gunnet, günnet;	kunnet, künnet;	durfet, dürfet;	turret, türret
gunnen, günnen;	kunnen, künnen;	durfen, dürfen;	turren, türren

Praes. Conjunct.

günne	künne	dürfe	türre
günneſt etc.	künneſt etc.	dürfeſt etc.	türreſt etc.

Praet. Indicat.

gunde, gonde;	kunde, konde;	dorfte;	torſte

Praet. Conjunct.

gunde, günde;	kunde, künde;	dörfte;	törſte

(Die übrigen Flexionen regelmäßig schwach.)

II.

Praes. Ind.	Praes. Conj.	Praet. Ind.	Praet. Conj.
mac	müge, seltner mege	mohte, mahte	möhte, mehte
maht	mügeſt, - megeſt	etc.	etc.
mac	etc.		
mugen, mügen			
muget, müget			
mugen, mügen			

III.

Praes. Ind.	Praes. Conj.	Praet. Ind.	Praet. Conj.
ſol	ſül	ſolte	ſolte (nicht ſölte, aber
ſolt	ſülſt	etc.	etc. bisweilen ſülte)
ſol	ſül		
ſuln, ſüln	ſüln		
ſult, ſült	ſült		
ſuln, ſüln	ſüln		

IV.

Praes. Ind.	Praes. Conj.	Praet. Ind.	Praet. Conj.
muoʒ	*müeʒe*	*muoſte*, auch *muoſe*	*müeſte*, auch *müeſe*
muoſt	*müeʒeſt*	etc.	etc.
muoʒ	etc.		
müeʒen			
müeʒet			
müeʒen			

V.

Praes. Ind.	Praes. Conj.	Praet. Ind.	Praet. Conj.
weiʒ	*wiʒʒe*	*wiſſe*, *wëſſe*; *wiſte*, *wëſte*	ganz wie der Indicat.
weiſt	*wiʒʒeſt*	(auch *weſte*, *weſſe*)	
weiʒ	etc.	etc.	
wiʒʒen			
wiʒʒet			
wiʒʒen			

VI.

Praes. Ind.	Praes. Conj.	Praet. Ind.	Praet. Conj.
touc	*tüge*	*tohte*	*töhte*
tûht (?)	*tügeſt*	etc.	etc.
touc	etc.		
tugen, tügen			
tuget, tüget			
tugen, tügen			

Die Infinitive, die hier von den Formen des Praeteriti mit Praesensbedeutung gebildet werden, sind bereits oben angegeben. Einen Imperat. hat nur *wiʒʒen* (*wiʒʒe* oder *wiʒ*); Partic. Praet. finden sich von *gunnen* (*gegunnet* und *gegunnen*), *türren* (*geturren* und *getürren*), *dürfen* (*gedorft*) und *wiʒʒen* (*gewiʒʒen* und *gewëʒʒen*, *gewiſt* und *gewëſt*). —

Von dem Verbum *beginnen*, welches regelmäßig nach der ersten starken ablautenden Conjugation geht, findet sich neben dem Praeteritum *began* auch ein zweites, nach der Analogie von *gunnen* und *kunnen* gebildetes, *begunde*.

§. 44. c) Zu der unter b. begriffenen Classe anomaler Zeitwörter gehört auch *wëllen*; es weicht aber darin von jenen ab, dass es in den, als sein Praesens geltenden Formen, im Gothischen den indicativischen ganz entsagt hatte und nur conjunctivische brauchte, die auf ein verlornes Praesens der fünften Conjugation (mittelhochd. *wīle*) zurückzuführen sind. Hieraus erklärt es sich, dass der Singular seines Praeteriti mit Praesensbedeutung im Mittelhochdeutschen nicht *weil*, *weilt*, *weil* lautet, sondern *wil*, *wilt* (oder *wil*), *wil*. Die übrigen Formen: Plur. Praes. Indicativi *wëllen* (oder *wëln*), *wëllet* (*wëlt*), *wëllen* und *wëllent*; Conj. *wëlle*, *wëlleſt* etc.; Imper. *wëlle*; Infinit. *wëllen*; Praet. Ind. und Conj. *wolte*, *wolteſt* etc.

§. 45. d) Das Verbum *tuon*.

Praes. Ind. *tuon* (mit Wahrung des alten zu *n* gewordenem *m*, vgl. §. 36, f.), *tuoſt*, *tuot*; *tuon*, *tuot*, *tuont*; Conj. *tuo*, *tuoſt*, *tuo*; *tuon*, *tuot*, *tuon* (bisweilen auch *tüeje* oder *tilege*, *tilejeſt* etc.); Imper. *tuo*, *tuot*; Inf. *tuon*; Partic. *tuonde*; Praet. Ind. *tëte*, *taete*, *tëte*; *tâten*, *tâtet*, *tâten* (statt *tëte* auch *tete*); Conj. *taete*, *taeteſt* etc.; Partic. *getân*.

§. 46. e) Das Verbum *haben*.

Mit der Bedeutung halten, festhalten folgt es regelmäßig der zweiten schwachen Conjugation: Praes. Ind. *habe*, *habeſt*, *habet*, *haben* etc.; Conj. *habe*, *habeſt* etc.; Imp. *habe*, *habet*; Inf. *haben*; Partic. *habende*. Praet. Ind. und Conj. *habete* oder *habte* etc. Partic. *gehabet*, *gehabt*. Als Hülfsverbum erleidet es aber viel Zusammenziehungen:

Praes. Ind. *hân* (aus *haben*, vgl. §. 36, f.), *hâſt*, *hât*; *hân*, *hât*, *hânt* (daneben im Plur. auch noch *haben*, *habet*, *habent*).

Conj. *habe*, *habeſt*, *habe*; *haben*, *habet*, *haben*.

Imp. *habe*, *habet*. Infinit. *hân*. Partic. —

Praet. Ind. 1) *hâte*, daneben *hête* (*hêt*), *hiete* (*hiet*), *hête* (*hêt*), *hete* (*het*), später auch schon *hatte*; 2) *hâteſt*, *haete*; 3) *hâte* mit den Nebenformen der 1. Sg.; *hâten*, *hâtet*, *hâten* (den Nebenformen der 1. Sg. auch analoge für den Plur.).

Conj. *haete* (daneben *hête*, *hiete*; *hête*, *hete*, *hette*); *haeteſt*; *haete* (und den Nebenformen der 1. Sg.); *haeten*, *haetet*, *haeten* (den Nebenformen der 1. Sg. auch analoge für den Plur.).

Part. *gehabet*, *gehât*, daneben *gehebet*, *gehebt*, *gehân*.

§. 47. f) Die Verba *biten*, *ligen*, *ſitzen*, und *heben*, *entſeben* (inne werden, bemerken), *ſwern*.

Die drei ersten gehen im Praeter. und Partic. Praet. regelmäßig nach der zweiten, die drei letzten nach der vierten starken ablautenden Conjugation, wobei *ſitzen* nur das *tz* in *ʒ* oder *ʒʒ* verwandelt und das Partic. von *ſwern* in die Form des Partic. von *ſwern* abweicht.

Praet. Ind.	*bat, báten;*	*ſaʒ, ſáʒen;*	*lac, lágen.*
Conj.	*baete;*	*ſaeʒe;*	*laege.*
Part.	*gebëten;*	*geſëʒʒen;*	*gelëgen.*
Praet. Ind.	*huop, huoben;*	*entſuop, entſuoben;*	*ſwuor, ſwuoren.*
Conj.	*hüebe;*	*entſüebe;*	*ſwüere.*
Part.	*gehaben;*	*entſaben;*	*geſwarn* (gewöhnlicher *geſworn*).

Dagegen folgen die Praesensformen alle der ersten schwachen Conjugation, weil in ihnen ursprünglich der Ableitungsvocal *i* zwischen Stamm und Flexion stand, wodurch das *i* des Stammes in den drei ersten vor der Brechung geschützt und das *a* in den drei letzten in *e* umgelautet wurde; also:

Praet. Ind.	*bite, biten;*	*lige, ligen;*	*ſitze, ſitzen.*
Conj.	*bite, biten;*	*lige, ligen;*	*ſitze, ſitzen.*
Imp.	*bite, bitet;*	*lige, liget;*	*ſitze, ſitzet.*
Inf.	*biten;*	*ligen;*	*ſitzen.*
Part.	*bitende;*	*ligende;*	*ſitzende.*
Praet. Ind.	*hebe, heben;*	*entſebe, entſeben;*	*ſwer, ſwern.*
Conj.	*hebe, heben;*	*entſebe, entſeben;*	*ſwer, ſwern.*
Imp.	*hebe, hebet;*	*entſebe, entſebet;*	*ſwer, ſwert.*
Inf.	*heben;*	*entſeben;*	*ſwern.*
Part.	*hebende;*	*entſebende;*	*ſwernde.*

§. 48. g) Die Verba *ſtán*, *gán*, *háhen*, *váhen*.

Das Praet. und das Partic. Praet. des ersten werden von einem nicht mehr vorhandenen *ſtanden* nach vierter, der drei andern von den auch nicht mehr im Inf. nachweisbaren Formen *gangen*, *hangen*, *vangen* nach der reduplicierenden Conjugation gebildet:

ſtuont, ſtuonden, ſtüende, geſtanden (auch zusammengezogen *geſtán*).

gienc, giengen, gienge, gegangen (auch gegán).
hienc, hiengen, hienge, gehangen.
vienc, viengen, vienge, gevangen.

Für *gienc, hienc, vienc* in der 1. und 3. Sg. auch die Kürzungen *gie, hie, vie*.

Ganz anders verhält es sich mit den Praesensformen, von denen die der beiden ersten Verba zu allermeist contrahiert, die der beiden andern von den Stämmen in -*áh*- gebildet sind und zum Theil auch noch gekürzt werden.

α) Praes. Ind. *stán* oder *stén*, *stást* (*stést*), *stát* (*stét*); *stán* (*stén*), *stát* (*stét*), *stánt* (*stént*).

Conj. *stá* (*sté*, selten *stande*), *stást* (*stést*), *stá* (*sté*); *stán* (*stén*), *stát* (*stét*), *stán* (*stén*).

Imp. *stant* (*stá*) —; Inf. *stán* (*stén*); Partic. *stánde* (*sténde*).

β) Praes. Ind. *gán* oder *gén*, *gást* (*gést*), *gát* (*gét*); *gán* (*gén*), *gát* (*gét*), *gánt* (*gént*).

Conj. *gá* (*gé*, selten *gange*), *gást* (*gést*), *gá* (*gé*); *gán* (*gén*), *gát* (*gét*), *gán* (*gén*).

Imp. *ganc*, auch *genc*; *gát*; Inf. *gán* (*gén*); Partic. *gánde* (*génde*).

γ) *háhe* und *váhe* gehen in den Praesensformen regelmäßig stark, in der 2. und 3. Sg. Praes. Ind. bald mit bald ohne Umlaut, von *váhe* auch gekürzt *vást*, *vát*; von *háhe* sind die Kürzungen ungewiss.

§. 49. h) **Schwache Verba mit langem Vocal vor** *w, j, h*.

α) Vor *w*. Die Intransitiva der 2. Conjugation wahren nach dem *w* den Ableitungsvocal in den Formen des Praeteriti und haben natürlich keinen umgelauteten Stammvocal: *gráwen, gráwete; touwen, touwete; ruowen, ruowete*. — Die Transitiva 1. Conjugation werden im Praeteritum gekürzt, behalten dabei aber, wie es scheint, immer den Umlaut; *bediewen* (zum Knechte machen), *bediete, bediet; dröuwen, dröute, gedröut* (zuweilen auch in den Formen *dreun, drón, er drót, gedrót*, aber kaum *dröte*); *ströuwen, ströute, geströut; vröuwen* (auch *vröun*), *vröute, gevröut*. —

β) **Vor** *j*. Sie werden im Praet. und Partic. Praet. gekürzt und behalten dann entweder den Umlaut im Stamm, oder erhalten auch den Rückumlaut, diesen jedoch nicht leicht im Participium: *naejen, naete* und *nâte, genaet; blüejen, blüete* und *bluote; erblüet*. Auch die Praesensformen können gekürzt werden, gewöhnlich mit Umlaut: *naen, blüen; naet, blüet;* aber auch hier finden sich, wiewohl seltner, Formen mit Rückumlaut: *wât* (statt *waet = waejet,* jetzt *wehet*), *muon* (statt *müen*).

γ) **Vor** *h*. Nicht bloß die hieherfallenden Verba 2. Conjugation, wie *gâhen* (eilen), *nâhen*, sondern auch die der ersten, wie *fmachen, fchiuhen* (scheuen), bleiben im Praeteritum ungekürzt mit dem Umlaut: *fmaehete, fchiuhete*.

§. 50. i) Schwache Verba mit der Bildung -*ew*.

Nach *l* und *r* stoßen sie bei kurzem Stammvocal das *e* der Bildung nothwendig aus: *felwen* (trüben, schwärzen), *gerwen, verwen* statt *felewen, gerewen, verewen;* nach *t* darf es bleiben oder ausfallen: *verwitewen, verwitwen.* Praeter. *garte* (und demgemäß auch wahrscheinlich *falte, varte*), *verwitwete*.

§. 51. k) Die Verba *bringen, denken, dunken, würken, vürhten*.

α) *bringen*, welches für das Praeteritum auch noch starke Formen (nach 1. ablautender Conjugation) im Althochdeutschen zeigt, wirft im Mittelhochdeutschen gleich *denken* und *dunken* das *n* aus und bildet wie diese mit verlängertem Stammvocal das Praet. und das Partic. Praet. schwach: *bringen, brâhte, brâhten; brachte, brachten; brâht* (nicht *gebrâht*); — *denken; dâhte, dâhten; dachte, dachten; gedâht; dunken; dûhte, dûhten; diuhte, diuhten; gedûht*.

β) *würken* und *vürhten* nehmen im Pract. und Partic. Pract. statt des *u*, welches nach den Regeln über den Rückumlaut erwartet werden könnte, *o*, im Conjunct. *ö* an: *würken; worhte, worhten; wörhte, wörhten; geworht;* — *vürhten; vorhte, vorhten; vörhte, vörhten; gevorht* (doch sind Formen, wie *wurhte* für *worhte, gewürket* für *geworht* und *gevürhtet*, selbst *gevorhten* für *gevorht*, nicht ganz unantreffbar.

H. Anomalien der neuhochdeutschen Conjugation.

§. 52. a) Das Verbum *ſein*.

Praes. Ind. *bin, biſt, iſt; ſind, ſeid, ſind*.
Conj. *ſei, ſei(e)ſt, ſei; ſeien, ſeiet, ſeien*.
Imp. *ſei, ſeid*. Inf. *ſein*. Part. *ſeiend*.
Praet. Ind. *war, warſt, war; waren, war(e)t, wären*.
Conj. *waere, waer(e)ſt; waere; waeren, waer(e)t, waeren*.
Part. *geweſen*.

Der Übertritt des *s* in *r* in der 1. und 3. Sg. Praet. ist bereits §. 24, d. angemerkt. — Die 1. Pl. Praes. Ind. sollte dem Mittelhochdeutschen gemäß eigentlich *ſein* lauten. Da aber sonst in allen andern Zeitwörtern der Unterschied zwischen der 1. und 3. Plur. Praes. Ind. mit dem Abfall des *t* von der 3. Plur. aufgehoben ist, hier aber die Form *ſind* (= mittelhochd. *ſint*) verharrte, so hat sie sich auch für die 1. Pl. festgesetzt, während überall sonst die Form der ersten Person auch die der dritten geworden ist.

§. 53. b) Von den §. 43. aufgeführten Zeitwörtern sind *gunnen* und *tugen* jetzt als *gönnen* und *taugen* (von der Form *ich, er touc* gebildet) zu schwachen geworden (*gönne, gönnte, gegönnt; tauge, taugte, getaugt*), und *türren* hat sich ganz aus dem Gebrauch verloren. Die übrigen bleiben im Ganzen der mittelhochdeutschen Regel treu.

I.

Praes. Ind. *kann, kannſt, kann; können, könnet, können.*
darf, darfſt, darf; dürfen, dürfet, dürfend.
Conj. *könne, könneſt* etc. Imp. — Inf. *können*. Part. *könnend.*
dürfe, dürfeſt etc. — *dürfen. dürfend.*
Praet. Ind. *konnte* etc. Conj. *könnte* etc. Part. *gekonnt.*
durfte *dürfte* *gedurft.*

II.

Praes. Ind. *mag, magſt, mag; mögen, mög(e)t, mögen.*
Conj. *möge, mögeſt* etc. Imp. — Inf. *mögen*. Part. *mögend.*
Praet. Ind. *mochte* (nicht *mogte*) etc.
Conj. *möchte* etc. Part. *gemocht.*

III.

Praes. Ind. *ſoll, ſollſt, ſoll;* *ſollen, ſoll(e)t, ſollen.*
Conj. *ſolle, ſolleſt* etc. Imp. — Inf. *ſollen.* Part. *ſollend.*
Praet. Ind. *ſollte* etc. Conj. *ſollte* etc. Part. *geſollt.*

IV.

Praes. Ind. *muß, mußt, muß; müſſen, müſſet, müſſen.*
Conj. *müſſe, müſſeſt* etc. Imp. — Inf. *müſſen.* Part. *müſſend.*
Praet. Ind. *mußte* etc. Conj. *müßte* etc. Part. *gemußt.*

V.

Praes. Ind. *weiß, weißt, weiß; wiſſen, wiſſet, wiſſen.*
Conj. *wiſſe, wiſſeſt* etc. Imp. *wiſſe, wiſſet.* Inf. *wiſſen.*
Part. *wiſſend.*
Praet. Ind. *wußte* etc. Conj. *wüßte.* Part. *gewußt.*
Von *beginnen* gibt es ein *begonnte* nur ganz einzeln dichterisch.

§. 54. c) Das Verbum *wollen.*

Praes. Ind. *will, willſt, will; wollen, woll(e)t, wollen.*
Conj. *wolle, wolleſt* etc. Imp. *wollet.* Inf. *wollen.*
Part. *wollend.*
Praet. Ind. *wollte* etc. Conj. *wollte* etc. Part. *gewollt.*

§. 55. d) Das Verbum *thun.*

Praes. Ind. *thue, thuſt, thut; thun, thut, thun.*
Conj. *thue, thueſt* etc. Imp. *thu(e), thut.* Inf. *thun.*
Part. *thuend.*
Praet. Ind. *that, thateſt, that; thaten* etc. Conj. *thaete* etc.
Part. *gethan.*
Dichterisch in gewissen Fällen für 1. und 3. Sg. Praet. Ind. statt *thât* auch *thât* (= mittelhochd. *tët*).

§. 56. e) Das Verbum *haben.*

Das im Mittelhochdeutschen durchweg unverkürzte *haben* (halten) ist geschwunden. Die jetzt allein üblichen Formen des Zeitwortes sind:
Praes. Ind. *habe, haſt, hat; haben, hab(e)t, haben.*
Conj. *habe, habeſt* etc. Imp. *habe, hab(e)t.* Inf. *haben.*
Part. *habend.*
Praet. Ind. *hatte, hatteſt* etc. Conj. *hätte* etc. Part. *gehabt.*

§. 57. f) Die Verba *bitten, liegen, ſitzen* und *heben, ſchwören* (*entſeben* nicht mehr vorhanden).

Die drei ersten nach Analogie des Mittelhochdeutschen: *bitte, bat, baten, gebeten; liege, lag, lagen, gelegen; ſitze, ſaß, ſaßen, geſeſſen.* Von *heben* und *ſchwören* gelten neben dem Praet. *hub, hübe, ſchwur,* mehr *hob, hoebe, ſchwor.* Die Partic. Praet. nur *gehoben, geſchworen.* Doch gilt die alte Form *gehaben* noch in dem als Adjectiv. gebrauchten *erhaben* (neben dem Partic. *erhoben*).

§. 58. g) Die Verba *ſtehen, gehen, hangen, fangen.*

Die beiden ersten haben in den Praesensformen ein *h* dem Stammvocal eingefügt, die beiden andern dafür die den Formen ihrer Praeterita analogen Stämme angenommen; in dem ersten wird für das organische *u* im Praeteritum viel häufiger *a* angewandt.

α) Praes. Ind. *ſtehe, ſteh(e)ſt, ſteh(e)t; ſteh(e)n, ſteh(e)t; ſteh(e)n;* Conj. *ſtehe, ſteheſt* etc. Imp. *ſteh, ſtehet.* Inf. *ſteh(e)n.* Part. *ſtehend.*

Praet. Ind. *ſtund, ſtundeſt* etc., gewöhnlicher *ſtand, ſtandeſt* etc. Conj. *ſtünde, ſtände.* Part. *geſtanden.*

β) Praes. Ind. *gehe* u. s. w., ganz so wie *ſtehe.*
Praet. Ind. *gieng* oder *ging.* Conj. *gienge (ginge)*
Part. *gegangen.*

γ) Praes. Ind. *hange, fange, hängſt, fängſt* etc.
Praet. Ind. *hieng, fieng* oder *hing, fing.*
Conj. *hienge, fienge (hinge, finge).*
Part. *gehangen, gefangen.*

§. 59. h) Schwache Verba, die im Mittelhochdeutschen langen Vocal von *w, j, h* hatten.

In den verbliebenen Zeitwörtern dieser Classe sind *j* und *w* durchweg geschwunden, jenes aber in den allermeisten Fällen, dieses nur ausnahmsweise durch *h* ersetzt: z. B. *kraehen, wehen, blühen, mühen* = mittelhochd. *kraejen, waejen, blüejen, müejen,* und *ruhen* = mittelhochd. *ruowen (ehen* = *êwen* ist dem Verbum *ehelichen* gewichen); dagegen bleiben ohne allen Consonanten vor der Flexion *ſaen* = mittelhochd. *ſaejen,* und *ſchauen, trauen, ſtreuen, freuen, dreuen* (neben *drohen*) = mittelhochd. *ſchouwen, trouwen* oder *trûwen, ſtröuwen, fröuwen, dröuwen.* Das *h* hat sich gewöhnlich erhalten, wie in *nahen, ſchmaehen, baehen, flehen, weihen, erhoehen;* ausgefallen aber ist es in *ſcheuen* (= mittelhochd. *ſchiuhen*).

§. 60. i) **Schwache Verba mit der Bildung** -*ew*. Das einzige Verbum, welches das *w* der Bildung gewährt, aber das *e* ausgestoßen hat, ist *verwittwen*. Nach *l* und *r* ist das *w* zu *b* geworden (vgl. §. 11, b.): *färben, gerben, fälben* (= mittelhochd. *verwen, gerwen, velwen*).

§. 61. k) **Die Verba** *bringen, denken, dünken.* *bringen, brachte, brächte, gebracht; denken, dachte, dächte, gedacht; dünken, dauchte* (gewöhnlicher *däuchte*), *gedaucht* (gewöhnlicher *gedäucht*). — *würken*, jetzt meist *wirken* geschrieben, und *fürchten* gehen regelmäßig schwach: *wirkte, fürchtete*.

2. Declination.

§. 62. **Vorbemerkungen.** a) Wie es zwei Hauptformen der Conjugation gibt, so auch der Declination: die **starke** und die **schwache**. Die erstere ist die kräftigere in der Unterscheidung der Numeri und Casus, auch noch im Mittel- und Neuhochdeutschen, obgleich in beiden Sprachniedersetzungen schon viele Unterscheidungsmittel, die noch das Gothische und das Althochdeutsche besaßen, durch die Abschwächung der Endungen, besonders ihrer Vocale, verloren gegangen sind. Die schwache, die in jenen beiden ältern Sprachgestaltungen auch noch die Flexionen im Singular und Plural der Wörter mehr auseinander zu halten vermochte, ist schon im Mittelhochdeutschen für alle drei Geschlechter auf das tonlose oder stumme *e* und die Silbe -*en* mit einem gleichfalls tonlosen oder stummen *e*, als ihre Casuszeichen, beschränkt, so dass *e* für den Nom. Sg. jedes Geschlechts und den Accus. Sg. des Neutrums gilt, -*en* bei allen übrigen Casus des Singulars und Plurals eintritt.

§. 63. b) Die Substantiva folgen gewöhnlich nur einer der beiden Declinationsarten, die Adjectiva und mit ihnen die Participia beiden, und dabei gilt noch eine dritte Form von jedem Adjectiv und Particip., die flexionslose. Z. B. im Neuhochdeutschen sind *guter, gute, gutes* die Singular-Nominative der drei Geschlechter in der starken, *gute, gute, gute* in der schwachen, *gut, gut, gut* in der flexionslosen Form. Von den Zahlwörtern flectieren die Cardinalia entweder stark oder bleiben flexionslos, die Einzahl ausgenommen, die auch schwache Form hat; die Ordinalia schwach und stark; die Pronomina meist nur stark, aber auch schwache Form kommt vor, besonders im Neuhochdeutschen. — Wo bei zwei oder drei gebräuchlichen Formen eines Adjectivs, Particips, Zahlwortes und Pronomens eine jede zur Anwendung kommt, hängt von syntactischen Verhältnissen ab. — Wie im Gothischen und Althochdeutschen, so ist auch noch im Mittel- und Neuhochdeutschen die starke Adjectiv- und Pronominaldeclination in den Flexionen reicher und darum vollkommener als die Substantivdeclination. Rücksichtlich der schwachen Form stehen sich alle drei im Mittelhochdeutschen ganz gleich; im Neuhochdeutschen ist durch Mischung starker und schwacher Formen die völlige Übereinstimmung gestört worden.

§. 64. c) Bis ins Neuhochdeutsche herein haben sich drei Genera, zwei Numeri und vier Casus erhalten. Das Gothische, spurweise auch noch das Althochdeutsche, gewährten für die Pronomina *ich*, *du* auch noch Dualformen; im Mittel- und Neuhochdeutschen zeigen sie sich bloß mundartlich für die zweite Person. — Ein Casus instrumentalis, von dem im Gothischen nur eine vereinzelte Spur im Singul. des Neutr. vom Pronom. demonstr. gefunden wird, begegnet im Althochdeutschen für Masculinum und Neutrum der starken Substantiv-, Adjectiv- und Pronominaldeclination mehrfach, im Mittelhochdeutschen dagegen auch nur noch in einigen wenigen Überbleibseln. — Der Vocativ ist immer dem Nominativ gleich.

Declination der Substantiva.

A. Mittelhochdeutsche starke Declinationen der Appellativa.

§. 65. Die starken Substantiva theilen sich im Gothischen nach ihren Ableitungsvocalen *a*, *i*, *u* in drei Declinationen für die beiden ersten Geschlechter, in zwei für das dritte, da die *i*-Declination dem Neutrum fehlt. Im Althochdeutschen sind alle drei nur noch für das Masculinum vorhanden, indem jetzt das Femininum die *u*-Declination eingebüßt hat. Im Mittelhochdeutschen hört natürlich eine Unterscheidung nach den Ableitungsvocalen auf, und die einzelnen Declinationen rücken nun auch für das Masculinum in zwei zusammen.

a) Starkes Masculinum.

§. 66. Zur ersten Declination können nun, wenn auf ihre Gestalt und Abwandlung im Althochdeutschen keine Rücksicht genommen wird, alle Substantiva gerechnet werden, die im Plural denselben Stammvocal behalten, den sie im Singular haben, zur zweiten alle, die den Stammvocal des Singulars im Plural umlauten. Die Flexionen sind schon ganz so wie im Neuhochdeutschen.

Was die Behandlung der stummen *e* (und der Silbe -*en* mit einem stummen *e*) in den Flexionen betrifft, so gelten dafür hier, wie in allen übrigen starken und schwachen Declinationen, die oben §. 1, Anmerk. 1. und §. 36, Anmerk. c. angegebenen Regeln.

Beispiele:

I.

Singul.

Nom.	*arm*	*tac*	*kil*	*nagel*	*engel*	*meiden*
Gen.	*arm-es*	*tag-es*	*kil-s*	*nagel-es*	*engel-s*	*meiden-s*
Dat.	*arm-e*	*tag-e*	*kil*	*nagel-e*	*engel*	*meiden*
Acc.	*arm*	*tac*	*kil*	*nagel*	*engel*	*meiden*

Plural.

Nom.	*arm-e*	*tag-e*	*kil*	*nagel-e*	*engel*	*meiden*
Gen.	*arm-e*	*tag-e*	*kil*	*nagel-e*	*engel*	*meiden*
Dat.	*arm-en*	*tag-en*	*kiln*	*nagel-en*	*engel-n*	*meiden*
Acc.	*arm-e*	*tag-e*	*kil*	*nagel-e*	*engel*	*meiden*

II.

Singul.

Nom.	*balc*	*vuoʒ*	ſ*un*	*apfel*
Gen.	*balg-es*	*vuoʒ-es*	ſ*un-es*	*apfel-s*
Dat.	*balg-e*	*vuoʒ-e*	ſ*un-e*	*apfel*
Acc.	*balc*	*vuoʒ*	ſ*un*	*apfel*

Plural.

Nom.	*belg-e*	*vüeʒ-e*	ſ*ün-e*	*epfel*
Gen.	*belg-e*	*vüeʒ-e*	ſ*ün-e*	*epfel*
Dat.	*belg-en*	*vüeʒ-en*	ſ*ün-en*	*epfel-n*
Acc.	*belg-e*	*vüeʒ-e*	ſ*ün-e*	*epfel*

§. 67. Anmerkungen.

a) Eine Anzahl starker Mascul. gehen im Nom. und Accus. Sing. auf *e* aus, bilden aber alle übrigen Casus nach den aufgestellten Paradigmen. Es sind diess Substantiva theils der alten ersten, die vor dem ableitenden *a* noch ein ableitendes *i* hatten, theils der alten *u*-Declination. Beide Vocale *i* und *u* erscheinen nur mittelhochdeutsch im Nom. und Acc. Sg. als *e*, in den übrigen Casus ist dies *e* in dem der Flexion aufgegangen. α) Die nach der ersten haben wegen des ehemaligen ableitenden *i* bei umlautbarem Stammvocal diesen durch alle Casus des Sing. und Plur. umgelautet; z. B. *kaese, ende* (Masc. und Neutr.), *rücke*, aber nicht wenn vor dem *e* die Ableitung -*aer*- steht, wovon es viele Beispiele gibt (*karkaere, behaltaere, mordaere* etc., in *flüʒʒelaere* hängt der Umlaut im Stamm von dem aus früherem *i* entstandenen *e* der Ableitung -*el* ab). Häufig ist die Endung -*aere* in -*ere* oder -*er* übergegangen und dann der Stamm bald umgelautet, bald nicht, z. B. *jegere, jeger, venre* (= *venere*, Fahnenträger) und *huoter, harpfer*. Beispiele, in denen kein Umlaut eintreten konnte, sind *hirte, wine* (Freund). — β) Die Substantiva, deren -*e* früher *u* war, wie *schate, sige, site, vride*, kommen, mit Ausnahme von *site*, nicht leicht im Pluralis vor. Das althochdeutsche *sunu* (Sohn) ist ganz in die zweite Declination übergegangen. — Die vocalauslautigen Wörter, wie *sê, snê, klê*, schieben im. Gen. und Dat. ein *w*, *schuo*, aus *schuoch* gekürzt, ein *h* vor der Flexion ein: *sêwes, snêwes, klêwes; sêwe, snêwe, klêwe; schuohes, schuohe*. Doch die Dative auch *sê, snê* etc.

b) Manche starke Mascul. schwanken zwischen der 1. und 2. Declination, z. B. *ban, bannes; dôn; loe, lockes; munt; pfat* etc. Auch kommen von einigen meist stark gehenden schwache Formen vor.

b) Starkes Femininum.

§. 68. Die Wörter der ersten Declination haben alle, ausgenommen in den Fällen, wo es zufolge allgemeiner Regeln oder nach vocalisch auslautendem Stamme abgeworfen ist, im Nom. und Acc. Sg. das flexivische -*e* (früher *a*), die der zweiten nie, indem sie in diesem Casus entweder auf einen Consonanten oder auf den Vocal des Stammes ausgehen. — Die der ersten behalten ihren Stammvocal unverändert im Plural; da sich unter ihnen jedoch eine Anzahl findet, die früher vor dem *a* der Endung noch ein *i* der Ableitung hatte, so ist bei diesen der Stammvocal, wenn er umlautbar war, durch alle Casus des Singulars und Plurals in der Regel umgelautet, auch dann, wenn ein stummes *e* der Flexion abgefallen ist (z. B. *gerte, sünde, brünne, bürde, kür, wer*). In der zweiten Declination lauten die Casus im Singular und Plural um, welche ein *e* der Flexion haben, erhalten aber den Rückumlaut im Singular, sobald das *e* abfällt, wo dann alle Casus des Singulars einander gleich werden.

Beispiele:

I.

Singul.

Nom.	gáb-e	gert-e	zal	ëben-e /	vinſter
Gen.	gáb-e	gert-e	zal	ëben-e	vinſter
Dat.	gáb-e	gert-e	zal	ëben-e	vinſter
Acc.	gáb-e	gert-e	zal	ëben-e	vinſter

Plural.

Nom.	gáb-e	gert-e	zal	ëben-e	vinſter
Gen.	gáb-en	gert-en	zal-n	ëben-en	vinſter-n
Dat.	gáb-en	gert-en	zal-n	ëben-en	vinſter-n
Acc.	gáb-e	gert-e	zal	ëben-e	vinſter

II.

Singul.

Nom.	kraſt	maget
Gen.	kreſt-e, kraſt	meged-e, maget
Dat.	kreſt-e, kraſt	meged-e, maget
Acc.	kraſt	maget

Plural.

Nom.	kreſt-e	meged-e
Gen.	kreſt-e	meged-e
Dat.	kreſt-en	meged-en
Acc.	kreſt-e	meged-e

§. 69. Anmerkungen.

a) Das stumme *e* verharrt in den Substantiven 1. Declination öfter nach einer Liquida, wie in *türe*, *küre*, das tonlose wird nur selten abgeworfen, wie in *aht*, *buoʒ*, *wîs* = *ahte*, *buoʒe*, *wîse*.

b) Von den Stämmen, welche auf einen Vocal auslauten, behalten in der ersten nur die auf -*i* das Casus -*e* (*bie*, Biene, *ſchrie* und viele fremde Wörter, wie *maſſenie*), die übrigen werfen es im Singul. zu allermeist ab z. B. *klâ*, Klaue, *ê* Gesetz, *drô* = *klâe*, *êe*, *drôe*); im Plural, sofern er davon üblich ist, verlieren der Nom. und Accus. entweder auch ihr -*e* oder werden nach schwacher Form gebildet und damit dem Gen. und Dat. gleich, wobei bisweilen noch das alte ab- und ausgefallene *w* wieder eintritt (*biʼn*, *klân*, *klâwen*). In der zweiten Declination bleiben die Casus des Sing. von *kuo*, *ſû* unverändert, der Nom. Plur. des ersten ist *küeje*, des zweiten wahrscheinlich *fiuwe*. — Bei einigen Wörtern der zweiten schwankt der Umlaut, z. B. *hande*, *nahte*, *magede*, neben *hende*, *nehte*, *megede*.

c) Wie Übergänge starker Femininen der ersten Declination in die schwache Statt finden, so treten auch bisweilen Wörter aus der zweiten (wie *arbeit*, *tugent* u. a.) in die erste über, indem sie im Nom. Acc. Sg. ein *e*, im Gen. Plur. die Endung -*en* annehmen.

c) Starkes Neutrum.

§. 70. Eigentlich gibt es dafür nur noch eine Declination, indem die beiden einzigen Wörter der althochdeutschen Sprache, die das ableitende *u* zeigen (*rihu* und *witu*, Holz), jetzt zu *rihe*, *wite*, letzteres auch meist zu einem Masculinum geworden, gleich den Substantiven decliniert werden, die nach der *a*-Declination gehen, aber vor diesem, gleich vielen Mascul. und Femin. noch ein ableitendes *i* hatten, sich also dadurch von den übrigen unterscheiden, dass sie im Nom. und Acc. Sg. auf -*e* ausgehen und bei umlautbarem Stammvocal diesen in allen Casus des Sing. und Plur. umgelautet haben.

Beispiele:

Singul.

Nom. *wort*	*spër*	*gadem* (Gemach)	*laster*	*künn-e* (Geschlecht)	*her* (= *herre*)	*vih-e*
Gen. *wort-es*	*spër-s*	*gadem-es*	*laster-s*	*künn-es*	*her-s*	*vih-es*
Dat. *wort-e*	*spër*	*gadem-e*	*laster*	*künn-e*	*her*	*vih-e*
Acc. *wort*	*spër*	*gadem*	*laster*	*künn-e*	*her*	*vih-e*

Plural.

Nom. *wort*	*spër*	*gadem*	*laster*	*künn-e*	*her*	*vih-e*
Gen. *wort-e*	*spër*	*gadem-e*	*laster*	*künn-e*	*her*	*vih-e*
Dat. *wort-en*	*spër-n*	*gadem-en*	*laster-n*	*künn-en*	*her-n*	*vih-en*
Acc. *wort*	*spër*	*gadem*	*laster*	*künn-e*	*her*	*vih-e*

§. 71. Die Wörter der *a*-Declination ohne ableitendes *i* schieben häufig im Plural vor die Flexion die Silbe -*er*, althochdeutsch -*ir* ein, die daher den Umlaut des Stammvocals bewirkt.

Beispiele: *rat*, Plur. *reder*, *reder-e*, *reder-en*, *reder*; *wip*, Plur. *wiber*, *wiber*, *wiber-n*, *wiber*. Nach kurzem Stamm mit schließender Liquida fällt das *e* der Silbe *er* aus; z. B. *tal*, Plur. *telr*, *telr-e*, *telr-en*, *telr*.

Anmerkung. Bei den im Nom. und Acc. Sg. auf -*e* ausgehenden Wörtern ist die Einschiebung dieses -*er* äußerst selten. Daher der Nom. Plur. von *bette*, *maere*, *stücke* gleich dem des Singul. ist. — Ausnahmsweise wird Wörtern der reinen *a*-Declination (ohne ableitendes *i*) im Nom. und Acc. Plur. mitunter die Flexion *e* angehängt, z. B. *beine*, *kleide*, *kinde* statt *bein*, *kleit* oder *kleider*, *kint* oder *kinder*. — In den vocalauslautigen Wörtern und bisweilen auch nach einer Liquida schiebt sich in die flectierten Casus *w* oder *g* ein, z. B. *wê*, *wêwes*; *strô*, *strôwen*; *knie*, *kniewes*; *tou*, *touwes*; *mêl*, *mêlwes*; *ei*, *eiges* (neben *eies*); *bli*, *bliges*.

(neben *bliwes* und *blies*), was sich, wie auch das §. 67, Anmerk. a. und §. 69, Anmerk. b. über eingeschobene Consonanten Angeführte, nur mit Hinzuziehung der althochdeutschen Formen erklären lässt. Von *zwi*, verkürzt aus *zwic* (Masc. und Neutr.), lautet der Gen. sowohl *zicies* wie *zwiges*.

B. Neuhochdeutsche starke Declinationen der Appellativa.

§. 72. Hier sind, dem Mittelhochdeutschen gegenüber, die Verhältnisse fast noch mehr verschoben und zerrüttet als in der starken Conjugation: theils durch die Veränderungen des Geschlechts nicht weniger Wörter, theils durch das Eindringen früher nur für das Neutrum gebräuchlicher Formen in das Masculinum, endlich und ganz besonders durch die Vermischung starker und schwacher Flexionen in allen Geschlechtern.

a) Starkes Masculinum.

§. 73. Die beiden Declinationen, wie sie im Mittelhochdeutschen Statt fanden, dauern für sehr viele Wörter fort: zur ersten gehören diejenigen, die im Plural den Stammvocal des Singulars beibehalten, zur zweiten alle, die diesen im Plural umlauten. Das *e* der Flexion fällt an einfachen Stämmen und an andern Bildungen als -*el*, -*em*, -*en*, -*er* häufig nach fast jedem Consonanten ab im Dat. Sing., nicht im Nom., Gen. und Acc. Plur. Aus der Endung -*es* schwindet es unter gleichen Umständen ebenfalls oft, außer nach den Consonanten *s*, *ß* und *z*; nach einem *t*, dem ein anderer Consonant voraufgeht, verharrt es gern. Die Endung -*en* bleibt immer unverkürzt. Für die Bildungen mit -*el*, -*em*, -*en*, -*er* gelten nun, da alle Stämme lang geworden sind, die Regeln des Mittelhochdeutschen für die langstämmigen Wörter dieser Art, d. h. das *e* der Flexion wird immer abgeworfen und vor *s* und *n* ausgestoßen, nach der Bildung -*en* aber fällt die ganze Flexion -*en* ab. — Diese Regeln gelten auch, soweit sie dabei in Anwendung kommen können, für die übrigen Geschlechter.

Beispiele: I.
Singul.

Nom.	*arm*	*könig*	*engel*	*morgen*
Gen.	*arm-es* (*arm-s*)	*könig-es* (*könig-s*)	*engel-s*	*morgen-s*
Dat.	*arm-e* (*arm*)	*könig-e* (*könig*)	*engel*	*morgen*
Acc.	*arm*	*könig*	*engel*	*morgen*

	Plural.			
Nom.	arm-e	könig-e	engel	morgen
Gen.	arm-e	könig-e	engel	morgen
Dat.	arm-en	könig-en	engel-n	morgen
Acc.	arm-e	könig-e	engel	morgen

II.
Singular.

Nom.	aſt	fuß	fluß	nagel
Gen.	aſt-es (aſt-s)	fuß-es	fluſſ-es	nagel-s
Dat.	aſt-e (aſt)	fuß-e (fuß)	fluſſ-e (fluß)	nagel
Acc.	aſt	fuß	fluß	nagel

Plural.

Nom.	äſt-e	füß-e	flüſſ-e	nägel
Gen.	äſt-e	füß-e	flüſſ-e	nägel
Dat.	äſt-en	füß-en	flüſſ-en	nägel-n
Acc.	äſt-e	füß-e	flüſſ-e	nägel

§. 74. Anmerkungen.

a) Die meisten umlautsfähigen Wörter, die im Mittelhochdeutschen noch der ersten Declination angehörten, sind in die vierte eingerückt, auch von solchen mit den Bildungen -el, -en, -er; z. B. *nagel*, *boden*, *acker*. — Andere sind in die schwache übergetreten, wie *held*, *hirte*. Umgekehrt sind früher schwach gehende jetzt stark geworden, wie *mond*, *hahn*, *ſchwan*, *ſtern* (= mittelhochd. *mâne*, *han* für *hane*, *ſwan* für *ſwane*, *ſtërne* oder *ſtërre*); vgl. Anmerk. c. Noch andere, die früher nur stark waren, bilden bloß den Singul. stark, den Plur. aber schwach, wie *dorn*, *ſee*, *maſt*, *ſtachel*; und wieder mehrere, die im Mittelhochdeutschen durchweg schwach giengen, haben diese Flexionsform nur für den Plural beibehalten, für den Singul. dagegen die starke angenommen, wie *ſchmerz*, *vetter*, *gevatter* (= mittelhochd. *ſmërze*, *veter* für *vetere*, *gevater*, *gevatere*).

b) Das einzige noch auf -e ausgehende Wort, welches der starken Declination ganz treu geblieben ist, ist *kaeſe*. Die Bildung -aere ist ganz geschwunden und wird nun durchgehends durch -er (vgl. §. 67, Anmerk. a, α), bald mit bald ohne Umlaut des umlautsfähigen Stammvocals vertreten (z. B. *jaeger*, *mörder*, *ſänger*; aber *maurer*, *gaukler*, *zauberer*). Von den Wörtern auf -e = altem u gehen, mit Abwerfung des e im Nom. und Acc. Sing. *ſieg* und *meth* (früher *mëte*) regelmäßig stark, *friede* flectiert *friedens*, *frieden*, *frieden* (vgl. die Anmerk. c.), *ſitte* ist weiblich geworden, *wite* verschollen, und *ſchatten* (= mittelhochd. *ſchate*) hat schon im Nom. Sing. das n angenommen und alle übrigen Casus wie *friede*. — Die Wörter *ſee*, *ſchnee*, *klee* haben den Gen. und Dat. *ſees*, *ſchnees*, *klees*, *ſee*, *ſchnee*, *klee* (der Gen. bald zwei-, bald einsilbig gesprochen).

c) Eine nicht geringe Zahl von schwachen Substantiven männlichen Geschlechts hängt im Nom. Sing. an das e entweder n oder r und tritt damit in die Reihe der stark gehenden Wörter mit den Bildungen -en, -er, z. B.

bogen, bogens; brunnen, brunnens; riemen, riemens; garten, gartens; graben, grabens; — *kämpfer, kämpfers; fachwalter, fachwalters* (= mittelhochd. *boge, bogen; brunne, brunnen; rieme, riemen; garte, garten; grabe, graben;* — *kempfe, kempfen; fachwalte, fachwalten*). Bisweilen ist das *n* aber auch nicht an den Nom. angeschoben und dennoch die Flexion so, als wäre es da, z. B. *name, namens; glaube, glaubens; fame, famens; wille, willens.* Gewöhnlich tritt bei jener Nominativendung *-en* der Umlaut im Plur. nicht ein, bisweilen aber doch, z. B. *gärten, graeben.* — Auch mehrere ursprünglich stark flectierte Wörter mit auslautendem *e* (= altem *i* oder *u*) haben sich dieser Declinationsweise angeschlossen, so, außer den schon Anmerk. b. angeführten *friede* und *fchatten*, noch *rücken, weizen* (mittelhochd. *rücke, weize*).

d) Da die mittelhochdeutschen Stämme auf *ir, iur, ür* sich im Neuhochdeutschen nicht in *eir, eur, aur,* sondern in *eier, euer, auer* gewandelt haben, so declinieren Wörter wie *geier, fchauer* (= mittelhochd. *gir, fchür*) jetzt wie die nichtumlautenden Bildungen mit *-er*).

e) Die Silbe *-er*, welche mittelhochdeutsche Neutra der reinen *a*-Declination im Plur. an die Flexion schieben (vgl. §. 71), hat sich jetzt auch bei verschiedenen Mascul. eingedrängt, wie *mann, männer; gott, götter; dorn, dörner* (neben *dornen*); *rand, ränder; wald, wälder; leib, leiber; geist, geister* u. a.

b) Starkes Femininum.

§. 75. Die erste starke Declination ist mit der schwachen insofern ganz zusammengefallen, dass jetzt alle ursprünglich jener angehörigen Wörter nur den Singular stark beibehalten, den Plural aber schwach flectieren, und dass umgekehrt alle ursprünglich schwachen diess nur im Plural bleiben, im Singular aber stark gehen. Von einzelnen Wörtern, starken wie schwachen, zeigen sich aber auch noch ausnahmsweise schwache Formen des Singul. neben den starken, z. B. *erden, fonnen*, vornehmlich in Zusammensetzungen, wie *erdenglück, fonnenfchein.*

Beispiele:

Singular.

Nom.	gab-e	gert-e	zung-e		roehr-e gabel
Gen.	gab-e	gert-e	zung-e (früh. zung-en)		roehr-e gabel
Dat.	gab-e	gert-e	zung-e (- zung-en)		roehr-e gabel
Acc.	gab-e	gert-e	zung-e (- zung-en)		roehr-e gabel

Plural.

Nom.	gab-en (früh. gâb-e)	gert-en	zung-en	roehr-en gabel-n
Gen.	gab-en	gert-en	zung-en	roehr-en gabel-n
Dat.	gab-en	gert-en	zung-en	roehr-en gabel-n
Acc.	gab-en (- gâb-e)	gert-en	zung-en	roehr-en gabel-n

§. 76. **Anmerkungen.**

a) Das im Mittelhochdeutschen nach liquiden Consonanten von kurzen Stämmen ab- und ausgefallene *e* tritt hier natürlich wieder in sein Recht, da die Stämme lang geworden sind (z. B. *kehle, fchale, mühle; kehlen, fchalen, mühlen* = mittelhochd. *kël, fchal, mül; këln, fchaln, müln*). Öfter ist es aber auch weggeblieben, wie in *fcham, zahl, fchaar;* auch weggefallen, wo es im Mittelhochdeutschen nach langem Stamme stand, wie in *qual, acht* (vgl. aber §. 69, Anmerk. a.), *furcht, wacht, mark, fchuld* u. a., sodann in *frau* und nach der Bildung *-ung.*

b) Die von Adjectiven auf *-el, -en, -er* ursprünglich mit f als schwache abgeleiteten, aber frühzeitig stark gewordenen Substantiva behalten, wenn sie nicht ganz außer Gebrauch gekommen sind, ihr *e* nach jenen Bildungen und nach der Bildung *-en* auch die Flexion *en* bei, oder sie werfen den Vocal der Bildung aus, z. B. *ebene, ebenen; dunkele, bittere* oder *ebne, ebnen; dunkle; bittre;* aber niemals *fäuere*, sondern nur *fäure* (obgleich mittelhochdeutsch *fiure*, vgl. §. 75, Anmerk. d.).

c) Mehrere Wörter sind, mit Annahme eines *e* im Nom. Sing., aus der zweiten in die erste übergetreten, wie *eiche, gefchichte, blüte, fäule*, die beiden letzten auch mit unorganischem Umlaut (mittelhochd. *eich, gefchiht, bluot, fûl*).

§. 77. Die zweite Declination ist der mittelhochdeutschen Abwandlungsweise nur bei der Mehrzahl der Wörter treu geblieben, die umlautsfähigen Stammvocal haben; hat aber nun auch bei diesen die Flexion im Gen. und Dat. Sing. aufgegeben.

Beispiele:

Singular.

Nom.	*kraft*	*kuh*	*luft*
Gen.	*kraft*	*kuh*	*luft*
Dat.	*kraft*	*kuh*	*luft*
Acc.	*kraft*	*kuh*	*luft*

Plural.

Nom.	*kräft-e*	*küh-e*	*lüft-e*
Gen.	*kräft-e*	*küh-e*	*lüft-e*
Dat.	*kräft-en*	*küh-en*	*lüft-en*
Acc.	*kräft-e*	*küh-e*	*lüft-e*

Dazu kommen noch die Bildungen mit *-niß*, welche aus der mittelhochdeutschen ersten Declination (*-niffe*) herübergenommen sind, z. B. *finfterniß*, Plur. *finfterniffe; kenntniß, kenntniffe* etc.

Diejenigen Wörter, die keinen umlautbaren Vocal im Stamm haben, wie *pflicht, mitgift, fchrift, zeit*, sodann *arbeit*, die Zusammensetzungen mit *-fchaft* und *-heit* (*-keit*), so wie auch mehrere umlautsfähige, wie *brut, bucht, burg, geburt, fahrt, glut,* *ſaat, ſucht, ſchlucht, that, jugend, tugend* folgen im Plural der schwachen Declination.

Beispiele:

Singular.

Nom.	*zeit*	*geſellſchaft*	*burg*	*tugend*
Gen.	*zeit*	*geſellſchaft*	*burg*	*tugend*
Dat.	*zeit*	*geſellſchaft*	*burg*	*tugend*
Acc.	*zeit*	*geſellſchaft*	*burg*	*tugend*

Plural.

Nom.	*zeit-en*	*geſellſchaft-en*	*burg-en*	*tugend-en*
Gen.	*zeit-en*	*geſellſchaft-en*	*burg-en*	*tugend-en*
Dat.	*zeit-en*	*geſellſchaft-en*	*burg-en*	*tugend-en*
Acc.	*zeit-en*	*geſellſchaft-en*	*burg-en*	*tugend-en*

c) Starkes Neutrum.

§. 78. Die Wörter, in denen die alte Sprache kein ableitendes *i*, die mittelhochdeutsche kein *e* im Nom. und Acc. Sing. Plur. hatte, erhalten jetzt, wenn sie nicht die Silbe *-er* (vgl. §. 71) vorziehen, im Nom. und Acc. Plur. ein *e* und werden dadurch den starken männlichen der ersten Declination ganz gleich. Die Zahl derjenigen Neutra, welche die Umlaut zeugende Silbe *-er* im Plural annehmen, hat sich im Vergleich mit dem Mittelhochdeutschen ansehnlich vergrößert. In der Regel hält sich ein Wort entweder an die eine oder an die andere Form, indessen finden sich auch mehrere, die sich beider bedienen, wo denn der Sprachgebrauch in ihrer Bedeutung und Anwendung einen mehr oder minder hervortretenden Unterschied macht. Dergleichen sind: *band, land, wort, tuch.* Nur die Form mit *-e, -en* haben die Bildungen mit *-el, -en, -er* und mit *lein;* nur die mit *-er, -ern* die Compositia mit *-thum.* — Der Wegfall des Casus *-e* und der Dativendung im Plur. *-en* ist gerade so wie beim starken Masculinum. Die Verkleinerungen mit *-lein* lassen jenes überall und ebenso die Endung *-en* schwinden.

Beispiele:

Singular.

Nom.	*wort*	*jahr*	*blatt*	*zeichen*	*kindlein*
Gen.	*wort-es (wort-s)*	*jahr-es (jahr-s)*	*blatt-es*	*zeichen-s*	*kindlein-s*
Dat.	*wort-e (wort)*	*jahr-e (jahr)*	*blatt-e (blatt)*	*zeichen*	*kindlein*
Acc.	*wort*	*jahr*	*blatt*	*zeichen*	*kindlein*

Plural.

Nom.	*wort-e*,	*wörter*	*jahr-e*	*blätter*	*zeichen*	*kindlein*
Gen.	*wort-e*,	*wörter*	*jahr-e*	*blätter*	*zeichen*	*kindlein*
Dat.	*wort-en*,	*wörter-n*	*jahr-en*	*blätter-n*	*zeichen*	*kindlein*
Acc.	*wort-e*,	*wörter*	*jahr-e*	*blätter*	*zeichen*	*kindlein*

Anmerkung. Das Wort *leid* hat schwachen Plur. *leiden*, wenn man diesen nicht lieber als zu dem Sing. *das leiden* gehörig ansehen will. — *klofter* nimmt höchst seltsam den Umlaut im Plur. an: *klocfter*.

§. 79. Von den im Mittelhochdeutschen auf *-e* ausgehenden Wörtern haben die meisten es jetzt verloren und gehen im Sing. ganz wie *wort*, z. B. *vieh*, *bild*, *glück*, *kinn*, *reich*, *ftück*, *gefchlecht*, *gemüth*, *geblüt*, *gebein*, *geleit*, *gefängniſs*, nebst allen andern Neutr. mit *-niſs* (mittelhochd. *-niſſe*). Andere wahren es noch, wie *gemachlde*, *gemüſe*, *gefinde*, *gewölbe* etc., auch einige, die sich des Umlauts enthalten, wie *geftade*, *geprahle*; noch andere schwanken zwischen Festhalten und Abwerfen, wie *bette*, *bett*; *hemde*, *hemd*. Ihren Plural bilden die hierherfallenden Wörter verschieden, manche wie *jahr*, z. B. *kinn*, *reich*, *bein*, *gefängniſs* (alle Wörter mit dieser Bildung), *gemachlde*, *gemüſe*, *geftade*; andere nehmen die Silbe *-er* an, wie *bild*, *gefchlecht*, *gemüth*; schwach mit *-en* gehen *bett*, *ende*; und, einige wie *hemde*, *hemd* und *ftück*, schwanken zwischen verschiedenen Endungen, wie *hemden* und *hemder*; *ftücke*, *ftücker*, *ftücken* (bei Zahlen auch *ftück*).

C. Mittelhochdeutsche schwache Declinationen der Appellativa.

§. 80. Nach dem bereits §. 62. Bemerkten lassen sich von den schwachen Declinationen, von denen jedes Geschlecht practisch nur noch eine besitzt, folgende Paradigmen aufstellen:

		Mascul.	Femin.	Neutr.
Sing.	Nom.	*haf-e*	*zung-e*	*hërz-e*
	Gen.	*haf-en*	*zung-en*	*hërz-en*
	Dat.	*haf-en*	*zung-en*	*hërz-en*
	Acc.	*haf-en*	*zung-en*	*hërz-e*
Plur.	Nom.	*haf-en*	*zung-en*	*hërz-en*
	Gen.	*haf-en*	*zung-en*	*hërz-en*
	Dat.	*haf-en*	*zung-en*	*hërz-en*
	Acc.	*haf-en*	*zung-en*	*hërz-en*

§. 81. Anmerkungen.

a) Die Abwerfung und Ausstoßung des stummen -*e* erfolgt hier nach den Stämmen auf *l* und *r* unter denselben Bestimmungen, wie in den starken Declinationen; nach denen auf *m* und *n* kann zwar das stumme *e* abfallen, aber die Endung -*en* bleibt, also *ar* (= *are*), *arn*; *kēl* (= *kēle*); *kēln*; aber *nam*, *namen*; *ran*, *ranen*. Ebenso folgen die Wörter mit den Bildungen -*el*, -*er*, -*em* den Regeln, die für die so gebildeten starken Substantiva gelten, also *rackel*, *rackeln*; *halfter*, *halftern*; aber nicht *nabel*, *nabeln*; *bēsem*, *bēsemn*; *kamer*, *kamern*, sondern *nabele*, *nabelen*; *bēseme*, *bēsemen*; *kamere*, *kameren*. Indessen finden, wie bei andern schwachen Substantiven, so bei den mit -*el*, -*er*, -*em* gebildeten auch Übergänge in die starke Form Statt.

b) Eine Anzahl der hierher fallenden Wörter sind in der ältern Sprache mit *i* abgeleitet, das aber im Mittelhochdeutschen als *e* mit der Flexion verschmolzen ist, seine Nachwirkung jedoch im Umlaut des Stammvocals äußert, wo er eintreten kann. Dahin gehören die Mascul. *erbe*, *recke*, *schenke*, *einhürne*, *wille* und das Femin. *roere*.

c) Schwacher Neutra gibt es nur wenige, außer *hërze* noch *ōre*, *ouge*, *wange* (aber dieses auch schon Femin.) und *oms* (Spreu). Auch von ihnen kommen starke Formen, namentlich im Nom. und Accus. Plur. vor.

D. Neuhochdeutsche schwache Declinationen der Appellativa.

§. 82. Über die Verschmelzung der ursprünglich schwachen weiblichen Wörter mit den starken ist schon §. 75. gehandelt; ebenso §. 74. über den Eintritt ursprünglich schwacher Masculina in die starke, so wie einiger früher starken in die schwache und die Mischung beider Declinationsformen in gewissen Wörtern. — Von den schwach verbliebenen werfen einige das *e* im Nom. Sing. immer oder doch oft, wo nicht meistens, ab, wie *baer*, *fürst*, *geck*, *graf*, *herr*, *menfch*; und *ahn*, *fink*, *ochs*, *fchenk* neben *ahne*, *finke*, *ochfe*, *fchenke*. Die Abwerfung der Endung -*en* von Wörtern wie *baer*, *fürst*, *graf* ist tadelnswerth.

Beispiele von durchweg schwach verbliebenen Wörtern:

Singular.

Nom.	*haf-e*	*menfch*	*bauer*	*nachbar*
Gen.	*haf-en*	*menfch-en*	*bauer-n*	*nachbar-n*
Dat.	*haf-en*	*menfch-en*	*bauer-n*	*nachbar-n*
Acc.	*haf-en*	*menfch-en*	*bauer-n*	*nachbar-n*

Plural.

Nom.	haſ-en	menſch-en	bauer-n	nachbar-n
Gen.	haſ-en	menſch-en	bauer-n	nachbar-n
Dat.	haſ-en	menſch-en	bauer-n	nachbar-n
Acc.	haſ-en	menſch-en	bauer-n	nachbar-n

Anmerkung. *bauer* und *nachbar* werden auch öfter im Sing. stark flectiert: Gen. *bauers*, *nachbars*; Dat. und Acc. *bauer*, *nachbar*.

§. 83. Von den schwachen neutralen Wörtern wirft *herze* meistens das *e* im Nom. und Acc. Sing. ab; im Gen. Sing. hängt es gleich dem Mascul. *name*, *wille* etc. (vgl. §. 74, c.) an die Endung *-en* noch ein *s* an, *herzens*, Dat. *herzen* (bisweilen aber auch *herz*, z. B. *er iſt ein mann von herz*); im Plur. alle Casus regelmäßig schwach *herzen*. — *auge* und *ohr* sind im Sing. stark geworden, Gen. *auges*, *ohres* (*ohrs*), Dat. *auge*, *ohre* (*ohr*); im Plur. gehen sie schwach. — *wange* ist jetzt nur Femininum; — *ome* (dialectisch), *am* (vgl. Schmeller's baier. Wörterb. 1, S. 53) verschollen.

E. Anomalien der mittelhochdeutschen Declination von Appellativen.

§. 84. a) Die Wörter *vater*, *bruoder*, *muoter*, *ſwëſter*, *tohter* sind im Sing. unveränderlich, also auch der Gen. der beiden ersten nicht *vateres*, *bruoders*, sondern *vater*, *bruoder*. Im Plural hat der Dat. *-en* oder *-n*; von *ſwëſter* und *tohter* sind Nom. und Acc. Plur. *ſwëſtern*, *tohtern* unsicher, sonst gehen die Casus des Plur. außer dem Dat. auf die Bildung *-er* aus; in der Regel fehlt in *vater*, *bruoder*, *muoter*, *tohter* auch der Umlaut; doch geben ihn wenigstens spätere Handschriften öfter.

b) Das Substantiv *man* kann durch alle Casus des Sing. und Plur. der Flexion entbehren; indess gelten daneben auch die Formen nach erster starker Declination: Gen. und Dat. Sing. *mannes*, *manne*; Gen. und Dat. Plur. *manne*, *mannen*; der Nom. und Acc. Plur. aber gewöhnlich *man*, selten *manne*.

c) Das Femininum *naht* hat einen Genit. *nahtes* (gemeinlich adverbial *des nahtes*), sonst im Gen. und Dat. Sing. *nehte*, *nahte*, *naht*; im Plur. ist Schwanken zwischen den nicht umgelauteten Formen *naht*, *nahte*, *nahten*, *naht* und den umgelauteten *nehte*, *nehte*, *nehten*, *nehte*.

d) Kein Flexionszeichen durchweg haben die Feminina mit der Ableitung -*in* oder -*in*, wie *künegin*, *künegin*; in der vollern Form auf -*inne* (*küneginne*) gehen sie regelmäßig, meist nach der ersten starken, selten nach der schwachen Declination. — Wenn die wenigen Feminina mit langem Stamm und der Ableitung -*en*, wie *bürden*, *küchen*, *lougen* jeder Flexion entbehren, auch der Endung -*en* im Dat. Plur., so folgen sie nur den Regeln über den Abfall des -*e* und -*en* nach den Bildungen -*el*, -*em*, -*en*, -*er*.

F. Anomalien der neuhochdeutschen Declination von Appellativen.

§. 85. a) *mann* geht im Sing. regelmäßig stark, *mann*, *mannes*, *manne* (*mann*), *mann*; im Plural schließt es sich den Mascul. an, von denen §. 74, c. die Rede gewesen ist, *männer*, *männer*, *männern*, *männer*. Daneben aber gelten auch durch alle Casus des Plur. die Formen *mannen* (soviel als Vasallen) und *man* (bei Cardinalzahlen, wenn von Truppen oder andern Massen gesprochen wird; wie auch andere Mascul. bei Cardinalzahlen, wenn Maße angegeben werden, der Flexion sich im Plur. entäußern, z. B. *fuß*, *ſchritt*, *zoll*).

b) Der adverbiale Genit. *nachts* besteht noch fort, sonst geht das Wort regelmäßig nach der zweiten starken weiblichen Declination.

Die übrigen §. 84. aufgeführten Wörter gehen jetzt alle regelmäßig und zwar α) *vater* und *bruder* nach der zweiten starken männlichen (wie *nagel*); *mutter* und *tochter* nach der zweiten starken weiblichen mit Umlaut im Plural: *mütter*, *töchter*; *ſchweſter* hat, wie alle Feminina erster Declination, den Singular stark (*ſchweſter* durch alle Casus), den Plural schwach (*ſchweſtern*).—
β) Die Feminin. mit der Bildung -*in* oder -*inn* (die Bildung -*ein* kommt nicht vor) folgen ebenfalls der ersten Declination (Plural -*innen*), und dasselbe gilt γ) von *küche*, *bürde*, die wie *kette* (mittelhochd. *ketene*) ihr auslautendes *n* abgeworfen haben.

G. Mittelhochdeutsche Declinationen der Eigennamen.

§. 86. Die Eigennamen folgen theils der starken, theils der schwachen Declination.

a) Personennamen.

α) **Männliche.** Diejenigen, welche stark flectiert werden, haben außer der dem Nomin. gleichen Form des Accus. noch eine zweite, adjectivische auf *-en*, z. B.

Nom.	*Gérnôt*	*Sifrit*
Gen.	*Gérnôt-es*	*Sifrid-es*
Dat.	*Gérnot-e*	*Sifrid-e*
Acc.	*Gérnôt* und *Gérnôt-en*	*Sifrit* und *Sifrid-en*

Anmerkung. Bisweilen kommt noch eine dritte Form für den Accus. auf *-e* vor, die in Namen wie *Gunthere*, *Rôthere* aus dem *i* erklärt werden kann, womit der zweite Theil der Namen (*hari*, *heri*) abgeleitet war, anderwärts aber, wie in *Gérnôte*, *Hildebrande*, diese Deutung nicht zulässt. Auch im Nom. findet sich diese Endung, jedoch seltener, z. B. in *Rôthere*. — Der Dativ hat ebenfalls zwei Nebenformen, eine durch Abwerfung des *e* entstandene und dem Nom. gleiche, eine zweite durch Anfügung der Endung *-en*, die mit der zweiten des Accus. zusammenfällt: *Gérnôt* und *Gérnôten*.

§. 87. Die männlichen Eigennamen, welche schwach decliniert werden, gehen nach den Paradigmen:

Nom.	*Ott-e*	*Etzel*	*Hagen-e*
Gen.	*Ott-en*	*Etzel-n*	*Hagen-en*
Dat.	*Ott-en*	*Etzel-n*	*Hagen-en*
Acc.	*Ott-en*	*Etzel-n*	*Hagen-en*

Anmerkung. Solche Namen, wie *Hagene*, legen (nach der Bildung *-en*) öfter durch alle Casus die Flexion ab und bieten dann bloß eine Form wie *Hagen*. — Mitunter tritt bei Bildungen mit *-el* auch starke Form ein, z. B. *Hetels*, *Etzele* (Dat.), *Etzel* (Accus.).

§. 88. *β)* **Weibliche** folgen den Paradigmen

starker Flexion:

Nom.	*Kriemhilt*	
Gen.	*Kriemhilt-e* (oder *-hilde*)	
Dat.	*Kriemhilt-e* (- -)	
Acc.	*Kriemhilt-e* (- -)	

schwacher Flexion:

Nom.	*Uot-e*	*Gifel-e*	*Gütetel*
Gen.	*Uot-en*	*Gifel-en*	*Gütetel-n*
Dat.	*Uot-en*	*Gifel-en*	*Gütetel-n*
Acc.	*Uot-en*	*Gifel-en*	*Gütetel-n*

Anmerkung. Bei den stark gehenden Eigennamen ist ein flexionsloser Accus., wenn nicht ganz ungebräuchlich, mindestens höchst selten. Dagegen finden sich dafür, sowie auch für den Gen. und Dat., die schwachen Formen auf *-en* (*Herráten*, *Kriemhilden*).

b) Städtenamen.

§. 89. Consonantisch, sowie auf langen Vocal auslautende sind in der Regel unveränderlich. Auch die auf tonloses *e* ausgehenden behalten, da sie der ersten starken weiblichen Declination folgen, diesen Vocal durch alle Casus.

Anmerkung. Einige, die sich auf einen Consonanten endigen, haben im Dat. *-e*, z. B. *Arl*, *Arle*; *Wormez*, *Wormze*. Andere, theils consonantisch, theils auf *e* auslautende haben den Dat. auf *-en*, eine Form, die in manchen, zumal in denen mit *-ing* gebildeten, ein Dat. Plur. ist (z. B. *Tettingen*), in andern aber nicht, sondern jenen bloß unorganisch nachgebildet (z. B. *Wienen*, *Metzen*, *Becheláren* statt *Wiene*, *Metze*, *Bechelár*).
— Das Geschlecht der Städtenamen wird bald als weiblich, bald als neutral angesehen.

c) Völkernamen.

§. 90. Ein Theil, die auf Consonanten oder auf *-aere*, *-er* ausgehenden, folgt der ersten starken männlichen Declination, wie *Swáp*, *Nibelunc*, *Weftvál*, *Romaere*, *Beier* oder *Beiger*; ein anderer, die auf *-e* endigenden, der schwachen, z. B. *Sahfe*, *Vranke*, *Tene*, *Hiune*.

d) Ländernamen.

§. 91. Die fremden auf *á*, *é*, *í* und unbetontes *e*, sowie die consonantisch auslautenden haben alle Casus gleich dem Nom. — Deutsche pflegen durch den Dat. Plur. der Völkernamen und die Präpositionen *ze*, *von*, *in* umschrieben zu werden, z. B. *zen Burgunden*, *zen Swáben*, *von den Hegelingen*, oder *ze Burgunden*, *ze Lamparten*. Aus diesem Dat. Plur. aber (vielleicht auch aus dem schwachen Gen. Plur. in *Sahfenlant*, *Vrankenlant* mit Weglassung des Wortes *lant*) kamen allmählich die unorganischen Ländernamen *Swáben*, *Sahfen*, *Vranken* als neutrale Singularformen auf. Doch galt noch kein Gen. *Swábens*, *Sahfens*, *Vrankens*.

H. Neuhochdeutsche Declination der Eigennamen.

a) Personennamen.

§. 92. Die Declination ist hier für dieselben Namen sehr verschieden.

α) **Männliche.** 1) Die consonantisch auslautenden, wenn der schließende Consonant nicht *s*, *ß*, *z*, *ſch*, *x* ist, gehen nach erster (indem auch die mit umlautsfähigem Vocal im Plural nie umlauten), werfen aber das *e* im Dat. Sing. ab und im Gen. Sing. aus, z. B. *Wolf, Wolfs, Wolf, Wolf*; Plur. (meist mit dem Artikel, wo dann die Familiennamen gewöhnlich appellativische Bedeutung haben) *Wolfe, Wolfe, Wolfen, Wolfe*. Wenn sie die Bildungssilben *-el, -em, -en, -er* haben, so schwindet das *e* auch in den Pluralformen, z. B. *Hegel, Hegels, Hegel, Hegel*; Plur. *Hegel, Hegel, Hegeln, Hegel; Schiller, Schillers, Schiller, Schiller*; Plur. *Schiller, Schiller, Schillern, Schiller*. Auch die auf volltönenden Vocal ausgehenden folgen dieser letztern Declinationsweise, nur dass sie, wenn sie im Dat. Plur. überhaupt eine Flexion haben, hier nicht das *e* auswerfen, also *Otto, Ottos, Otto, Otto*; Plur. *Otto, Otto, Otto-en* (? oder *Otto*), *Otto*. — 2) Die auf *s*, *ß*, *z*, *ſch*, *x* ausgehenden, die im Gen. Sing. kein *s* annehmen können, bedienen sich für diesen Casus gewöhnlich der Endung *-ens*, z. B. *Hans, Hanſens, Opitz, Opitzens, Franz, Franzens*; Plur. *Hanſe, Hanſe, Hanſen, Hanſe; Opitze, Opitze, Opitzen, Opitze*. — Alle Namen, die nach diesen Weisen gehen, können nach dem gemeinen Sprachgebrauch im Dat. und Acc. Sing. auch die Endung *-en* (*-n*) annehmen: *Wolfen, Hegeln, Schillern, Otton, Hanſen, Opitzen, Franzen*. — 3) Die auf tonloses *e* auslautenden gehen bald stark: *Goethe, Goethes, Goethe, Goethe*; Plur. *Goethe, Goethe, Goethen, Goethe;* bald erhalten sie in den obliquen Casus die Endungen *-ens, -en: Goethe, Goethens, Goethen, Goethen*; Plur. *Goethen* (?). — Sobald der bestimmte oder unbestimmte Artikel vor den Namen im Sing. tritt, bleibt derselbe in der Regel unverändert.

β) **Weibliche** gehen im Singular ganz wie die männlichen, z. B. *Hedwig, Hedwigs, Hedwig, Hedwig;* oder *Hedwig, Hedwigs, Hedwigen, Hedwigen; Bertha, Berthas, Bertha, Bertha; Beatrix, Beatrixens, Beatrixen, Beatrixen; Mathilde, Mathildes, Mathilde, Mathilde* oder *Mathilde, Mathildens, Mathilden, Mathilden.* Die Genitivendung -*en* an den Namen auf -*e*, *Marien*, *Luifen*, kommt besonders in Zusammensetzungen vor (*Marientag*, *Luifenftift*). — Im Plural gehen die consonantisch auslautenden bald stark, bald schwach (*die Hedwige*, *die Gertruden*), die mit der Endung *e* nur schwach, und ebenso die auf *a* ausgehenden, wenn sie diesen Vocal in *e* abschwächen (*die Annen*, *Claren*). — Tritt im Singul. einer der Artikel vor den Eigennamen, so bleibt er, wie der männliche, unverändert.

b) Städtenamen.

§. 93. Die Ortsnamen sind jetzt alle neutral geworden und haben im Genitiv ein *s* (*Roms*, *Ninives*, *Berlins*, *Wiens*; auch die, deren zweiter Theil ein weibliches Appellativum ist, wie *Naumburgs*, *Neuftadts*, so wie die ursprünglichen Dat. Plur., wie *Meiningens*, *Gelnhaufens*). Der Genitiv der auf einen *s*-Laut ausgehenden wird mit der Präposition *von* umschrieben (z. B. *von Neuhaus*). Die beiden andern Casus sind dem Nominativ gleich. Wenn von einem Ortsnamen ein Plural gebildet wird, geschieht es in starker Form (z. B. *Freiburge, Freiburge, Freiburgen, Freiburge*).

c) Völkernamen.

§. 94. Der starken Declination folgen nur die von einem Landes- oder Stadtnamen mit -*er* gebildeten, wie *Brabanter, Thüringer, Schweizer, Waldecker, Meininger.* Dazu gehören aber nicht *Pommer* und *Beier*, die zwar im Singular zwischen starker und schwacher Form schwanken, im Plural jedoch, wie alle übrigen Völkernamen, schwach gehen (*Pommern, Baiern, Heffen, Daenen, Franzofen*).

d) Ländernamen.

§. 95. Die meisten sind neutral, mögen sie einfach oder zusammengesetzt (wie *Würtemberg*, *Schaumburg*), oder auch ursprüngliche Dat. Plur. (wie *Heffen*, *Sachfen*, *Franken*; vgl. §. 91) sein, haben im Gen. ein *s*, und den Dat. und Accus. dem Nom.

gleich. Die übrigen sind weiblich, namentlich die fremden auf *-ei* (*Türkei, Lombardei*), so wie *Schweiz, Pfalz, Krimm*: diese bleiben unverändert.

Declination der Adjectiva.

A. Mittelhochdeutsche Declination.

§. 96. Wie von den starken Substantiven hat es auch von den Adjectiven ursprünglich drei Declinationen gegeben. Allein schon im Gothischen ist die *i*-Declination ganz untergegangen, und von der *u*-Declination haben sich nur wenige Trümmer erhalten. Die eine ist ganz, die andere zum großen.theil in die *a*-Declination übergegangen, indem die jenen beiden ursprünglich angehörigen Wörter sich denen der Unterart in der *a*-Declination zugesellt haben, die, gleichwie manche Wörter der ersten starken Substantivdeclination (vgl. §. 67, a.), vor dem *a* noch ein ableitendes *i* hatten. Im Alt- und Mittelhochdeutschen gibt es für die flectierten Formen der Adjectiva nur noch ein e Declination, indem dort das *j* (= *i*) vor den Flexionsvocalen sich in nur höchst seltenen Fällen erhalten, hier als tonloses *e* in den Flexionsvocalen aufgegangen ist. Da jedoch im Gothischen der Nom. und Accus. Sing. des Neutr., im Althochdeutschen der Nom. Sing. und Plur. aller drei Geschlechter und die beiden Accus. des Neutr. außer in starker und schwacher Form auch flexionslos erscheinen, und im Mittelhochdeutschen alle Casus jedes Geschlechts im Sing. und Plur. die Flexion abwerfen können, so unterscheiden sich die Adjectiva, die früher das *j* vor *a* hatten, im flexionslosen Zustande von den übrigen dadurch, dass sie nach dem Stamm oder einer consonantisch ausgehenden Bildung im Gothischen und Althochdeutschen den Vocal *i* (z. B. althochd. *dunni, muodi, irri, edili*, entstanden aus *adali*), im Mittelhochdeutschen *e* haben, welches, sobald der Stammvocal umlautsfähig ist, diesen umlautet (z. B. *dünne, müede, irre, edele*), während die übrigen immer entweder consonantisch oder auf einen langen Vocal auslauten. Wenn ein Adjectiv flectiert ist, findet im Mittelhochdeutschen nur insofern ein Unterschied zwischen beiden Arten Statt, dass bei umlautsfähigem Stammvocal die eine nie, die andere immer ihn umlautet; bei andern Stammvocalen fallen sie ganz zusammen.

a) Starke Declination.

§. 97. Beispiele:

Singular.

	Mascul.	Femin.	Neutr.
Nom.	alt-er (alt)	alt-iu (alt)	alt-ez (alt)
Gen.	alt-es (-)	alt-er (-)	alt-es (-)
Dat.	alt-em (-)	alt-er (-)	alt-em (-)
Acc.	alt-en (-)	alt-e (-)	alt-ez (-)

Plural.

Nom.	alt-e (alt)	alt-e (alt)	alt-iu (alt)
Gen.	alt-er (-)	alt-er (-)	alt-er (-)
Dat.	alt-en (-)	alt-en (-)	alt-en (-)
Acc.	alt-e (-)	alt-e (-)	alt-iu (-)

Singular.

	Mascul.	Femin.	Neutr.
Nom.	fchoen-er (fchoene)	fchoen-iu (fchoene)	fchoen-ez (fchoene)
Gen.	fchoen-es (-)	fchoen-er (-)	fchoen-es (-)
Dat.	fchoen-em (-)	fchoen-er (-)	fchoen-em (-)
Acc.	fchoen-en (-)	fchoen-e (-)	fchoen-ez (-)

Plural.

Nom.	fchoen-e (fchoene)	fchoen-e (fchoene)	fchoen-iu (fchoene)
Gen.	fchoen-er (-)	fchoen-er (-)	fchoen-er (-)
Dat.	fchoen-en (-)	fchoen-en (-)	fchoen-en (-)
Acc.	fchoen-e (-)	fchoen-e (-)	fchoen-iu (-)

Anmerkungen. a) Einsilbige vocalauslautige und einige einsilbige auf Liquida ausgehende Adjectiva pflegen in den flectierten Formen der Endung einen Consonanten vorzuschieben, was sich aus ihren althochdeutschen Formen erklärt; so *grâ*, *blâ*, *lâ* (neuhochd. *grau*, *blau*, *lau*), *grâwes*, *blâwes*, *lâwes* etc. *rô*, *vrô*, *rouwes*, *vrouwes* (daneben *rôs*, *vrôs*, auch mit eingefügtem *h*, *vrôhes*); *vrî*, *vrîges*; *rû*, *rûhes*; *kal*, *kalwes*; *fal*, *falwes*; *gar*, *garwes*, und so auch *val*, *gël*, *mar*, *var*.

b) Schwanken zwischen beiden Arten der Declination findet sich bei verschiedenen Adjectiven in ihrer flexionslosen Form: aus der ersten nehmen einzelne das *e* und damit auch Umlaut an, wie *hêre*, *grîfe*, *künde*, *lenge*, *bereite* für *hêr*, *grîs*, *kunt*, *lanc*, *breit*, und umgekehrt werfen einzelne aus der zweiten mit Rückumlaut ihr *e* ab, wie *die*, *fwâr*, *hart*, *vaft*, *genuoc* für *dicke*, *fwaere*, *harte*, *vefte*, *genüege*.

c) Da die von Adjectiven regelmäßig abgeleiteten Adverbien im Althochdeutschen die Endung o haben, vor dem das i der Adjectiva, deren flexionsloser Form es eigen ist, ebenso wie vor jeder Flexion ausfällt, dieses o aber im Mittelhochdeutschen als e in der Regel verharrt, so ergeben sich daraus Unterschiede zwischen der flexionslosen Form der meisten Adjectiva und den von ihnen abgeleiteten Adverbien. Ein flexionsloses Adjectiv der reinen a-Declination nämlich hat nie oder nur mit seltnen Ausnahmen (vgl. Anmerk. b.) das davon abgeleitete Adverbium in der Regel auslautendes e (z. B. rëht, rëhte; lanc, lange; leit, leide; fnël, fnëlle; tief, tiefe); ein Adjectiv, das unflectiert auf e ausgeht, hat bei umlautsfähigem Stammvocal Umlaut, das dazu gehörige Adverbium aber Rückumlaut (z. B. enge, ange; herte, harte; vefte, vafte; fchoene, fchöne; trüebe, truobe). Nur wo hier der Stammvocal nicht umlauten kann, fallen die Formen zusammen (z. B. dicke, dicke; linde, linde; kleine, kleine; reine, reine).

§. 98. Um das Abwerfen und Ausstoßen des stummen e in den Adjectivflexionen zu begreifen, muss man wissen, dass im Althochdeutschen der Dat. Sing. des Masc. und Neutr. auf -emu oder -emo, der Gen. Sing. des Femin. auf -érâ, der Dat. auf -éru (oder beide auf -erô), der Genit. Plur. aller drei Geschlechter auf -érô (oder -erô) ausgiengen, so dass im Mittelhochdeutschen diese Casus eigentlich immer die Endungen -eme und -ere haben müssten. Nach einsilbig langen Adjectiven und nach andern Bildungen als denen auf -el, -en, -er fällt aber das auslautende e nach er ab, nicht immer nach m (daher neben blindem auch blindeme). Was die einsilbig kurzen und die Stämme mit den Bildungen -el, -em, -er betrifft, so sind da mehrere Fälle zu unterscheiden.

    a) Einsilbig kurze mit auslautender Liquida sollten eigentlich nach folgenden Paradigmen abgewandelt werden:

Singular.

	Mascul.	Femin.	Neutr.	Mascul.	Femin.	Neutr.
Nom.	hol-r	hol-iu	hol-ʒ	bar (für bar'r)	bar-iu	bar-ʒ
Gen.	hol-s	hol-re	hol-s	bar-s	bar-re	bar-s
Dat.	hol-me	hol-re	hol-me	bar-me	bar-re	bar-me
Acc.	hol-n	hol	hol-ʒ	bar-n	bar	bar-ʒ

Plural.

	Mascul.	Femin.	Neutr.	Mascul.	Femin.	Neutr.
Nom.	hol	hol	hol-iu	bar	bar	bar-iu
Gen.	hol-re	hol-re	hol-re	bar-re	bar-re	bar-re
Dat.	hol-n	hol-n	hol-n	bar-n	bar-n	bar-n
Acc.	hol	hol	hol-iu	bar	bar	bar-iu

Singular.

	Mascul.	Femin.	Neutr.	Mascul.	Femin.	Neutr.
Nom.	lam-r	lam-iu	lam-ʒ	wan-r	wan-iu	wan-ʒ
Gen.	lam-s	lam-re	lam-s	wan-s	wan-re	wan-s
Dat.	lam-me	lam-re	lam-me	wan-me	wan-re	wan-me
Acc.	lam-en	lam	lam-ʒ	wan-en	wan	wan-ʒ

Plural.

	Mascul.	Femin.	Neutr.	Mascul.	Femin.	Neutr.
Nom.	lam	lam	lam-iu	wan	wan	wan-iu
Gen.	lam-re	lam-re	lam-re	wan-re	wan-re	wan-re
Dat.	lam-en	lam-en	lam-en	wan-en	wan-en	wan-en
Acc.	lam	lam	lam-iu	wan	wan	wan-iu

Indess wenn auch einzelne Beispiele solcher Formen, bei denen ein Flexionsconsonant im Spiel ist (wie *holme*), vorkommen, so bleibt es doch sehr zweifelhaft, ob sie zur Regel geworden oder nicht, vielmehr der Abwandlung der einsilbig langen gefolgt sind.

b) **Einsilbig kurze mit nicht liquidem Consonantauslaut** folgen dem Paradigma:

Singular.

	Mascul.	Femin.	Neutr.
Nom.	grob-er	grob-iu	grob-eʒ
Gen.	grob-es	grobe-re	grob-es
Dat.	grob-eme	grobe-re	grob-eme
Acc.	grob-en	grobe	grob-eʒ

Plural.

	Mascul.	Femin.	Neutr.
Nom.	grob-e	grob-e	grob-iu
Gen.	grob-ere	grob-ere	grob-ere
Dat.	grob-en	grob-en	grob-en
Acc.	grob-e	grob-e	grob-iu

c) **Mehrsilbige mit -el, -er, -en bei kurzer Stammsilbe:**

Singular.

	Mascul.	Femin.	Neutr.
Nom.	gogel-er	gogel-iu	gogel-eʒ
Gen.	gogel-es	gogel-er	gogel-es
Dat.	gogel-em	gogel-er	gogel-em
Acc.	gogel-en	gogel-e	gogel-eʒ

Plural.

	Mascul.	Femin.	Neutr.
Nom.	gogel-e	gogel-e	gogel-iu
Gen.	gogel-er	gogel-er	gogel-er
Dat.	gogel-en	gogel-en	gogel-en
Acc.	gogel-e	gogel-e	gogel-iu

Ganz so auch *magerer* und *ëbener*.

d) **Mehrsilbige Bildungen mit** -*el*, -*er*, -*en* **bei langer Stammsilbe:**

Singular.

	Mascul.	Femin.	Neutr.
Nom.	michel-r	michel-iu	michel-ʒ
Gen.	michel-s	michel-re	michel-s
Dat.	michel-me	michel-re	michel-me
Acc.	michel-n	michel	michel-ʒ

Plural.

	Mascul.	Femin.	Neutr.
Nom.	michel	michel	michel-iu
Gen.	michel-re	michel-re	michel-re
Dat.	michel-n	michel-n	michel-n
Acc.	michel	michel	michel-iu

So auch *heiter* und *eigen*, nur dass das erste im Nom. Sing. nicht *heiterr*, sondern *heiter* gibt, und dass *eigen* im Acc. Sing. des Mascul. und im Dat. Plur. aller Geschlechter die Endung -*en* abwirft. — Ob so aber alle Casus, namentlich *michelr* und *eigenr*, belegt werden können, fragt sich. Abweichungen wie *michelem*, *michelen*, *litterem*, *offener* (Gen. Sing. Fem.), *tunkele*, *ſwankele* sind nicht unbelegbar.

b) **Schwache Declination.**

§. 99. Sie ist ganz wie die der schwachen Substantiva.

	Singular.				Plural.		
	Mascul.	Femin.	Neutr.		Mascul.	Femin.	Neutr.
Nom.	alt-e	alt-e	alt-e	Nom.	alt-en	alt-en	alt-en
Gen.	alt-en	alt-en	alt-en	Gen.	alt-en	alt-en	alt-en
Dat.	alt-en	alt-en	alt-en	Dat.	alt-en	alt-en	alt-en
Acc.	alt-en	alt-en	alt-e	Acc.	alt-en	alt-en	alt-en

Die Abwerfung und Ausstoßung des stummen *e* erfolgt nach Analogie der entsprechenden Formen in der starken Declination. — Die im flexionslosen Zustande auf -*e* ausgehenden Adjectiva haben natürlich auch hier den umlautsfähigen Vocal umgelautet.

B. Neuhochdeutsche Declination.

a) Starke.

§. 100. Das ableitende -*e* in der flexionslosen Form der mittelhochdeutschen Adjectiva hat sich nur noch in einigen (*bloede, boefe, enge, jaehe, irre, kirre, milde, oede, fchnoede, traege, weife, zaehe*) erhalten, die übrigen haben es, meist mit Wahrung des Umlauts, abgeworfen (z. B. *dünn, dürr, früh, grün, fchoen, füß, wüft, kühn*); wo im Stamm kein umlautsfähiger Vocal steht, unterscheiden sie sich nun gar nicht mehr von den Adjectiven der reinen *a*-Declination (z. B. *dick, feil, klein, lind, mild* (daneben *milde*), *gemein, reich, rein, ftill, wild*), was auch von den rückumgelauteten *hart, fanft* (= mittelhochd. *herte, fenfte*) gilt. Vgl. §. 97, b. — Die flexionslose Form gilt nur noch (abgesehen von dichterischen Freiheiten) im Nom. und Acc. des Sing. und Plur. jedes Geschlechts. — Die mittelhochdeutsche Endung -*iu* ist nicht zu *eu*, sondern zu *e* geworden, die Endung -*ez* zu *es*; die Endungen -*eme* und -*ere* haben das auslautende *e* überall verloren.

§. 101. Beispiele:

	Mascul.	Femin.	Neutr.
	Singular.		
Nom.	alt-er (alt)	alt-e (alt)	alt-es (alt)
Gen.	alt-es	alt-er	alt-es
Dat.	alt-em	alt-er	alt-em
Acc.	alt-en (alt)	alt-e (alt)	alt-es (alt)
	Plural.		
Nom.	alt-e (alt)	alt-e (alt)	alt-e (alt)
Gen.	alt-er	alt-er	alt-er
Dat.	alt-en	alt-en	alt-en
Acc.	alt-e (alt)	alt-e (alt)	alt-e (alt)
	Mascul.	**Singular.** Femin.	Neutr.
Nom.	fchoen-er (fchoen)	fchoen-e (fchoen)	fchoen-es (fchoen)
Gen.	fchoen-es	fchoen-er	fchoen-es
Dat.	fchoen-em	fchoen-er	fchoen-em
Acc.	fchoen-en (fchoen)	fchoen-e (fchoen)	fchoen-es (fchoen)
	Plural.		
Nom.	fchoen-e (fchoen)	fchoen-e (fchoen)	fchoen-e (fchoen)
Gen.	fchoen-er	fchoen-er	fchoen-er
Dat.	fchoen-en	fchoen-en	fchoen-en
Acc.	fchoen-e (fchoen)	fchoen-e (fchoen)	fchoen-e (fchoen)

Anmerkungen. a) Die alten vocalauslautigen in -*â* haben diesen Vocal jetzt als *au* (wobei das *w* der flectierten Formen Einfluss geübt hat) und daran unmittelbar die Endung (*grauer*, *blauer*, *lauer*); *vrî* ist *frei* geworden (*freier*); *rô*, *vrô* und *rû* haben das *h* der flectierten Formen jetzt auch in der unflectierten (*roh*, *froh*, *rauh* oder *rauch*); *kal*, *val*, *gar* sind zu *kahl*, *fahl*, *gar* geworden; *gël* zu *gëlb*, *var* zu *farb* (gewöhnlicher dafür *farbig*); für *mar* gilt jetzt *mürbe*, *fal* als einfaches Wort ist verschollen.

b) Der Unterschied zwischen der flexionslosen Form der Adjectiva und der von ihnen abgeleiteten Adverbia ist mit dem fast durchgängigen Abfall des auslautenden *e* von dem einen Theil der letztern und mit dem Anbequemen des andern Theils an den Umlaut der ihm entsprechenden Adjectiva jetzt so gut wie ganz aufgehoben: *recht* ist Adjectiv und Adverbium, ebenso *lang*, *fchoen*, *grün*, *weife*, *milde*. Nur selten hat sich das adverbiale *e* erhalten, wie in *gerne*, *ferne*, wofür aber auch *gern*, *fern* gelten. Wo noch Verschiedenheit der Stammvocale Statt findet, wie in *fchoen* und *fchon*, *feft* und *faft*, da ist das Gefühl von der Zugehörigkeit der abstract gewordenen Adverbia zu den Adjectiven längst erstorben.

§. 102. Da alle Stämme jetzt lang geworden sind, so folgen alle einsilbigen Adjectiva der Declination von *alt* und *fchoen*. Für die mehrsilbigen mit den Bildungen -*el*, -*er*, -*en* sollten, mit den oben angegebenen Änderungen in den Flexionssilben, ebenfalls die Regeln für die Behandlung der Endungen an mittelhochdeutschen langstämmigen Wörtern mit diesen Bildungen gelten. Dem ist aber nicht so; vielmehr haften die auslautenden *e* der Flexion, so wie die vor *r*, *s*, *m*, in der Regel (*dunkele*, *dunkeler*, *dunkeles*, *dunkelem*; *magere*, *magerer*, *mageres*, *magerem*; *ebene*, *ebener*, *ebenes*, *ebenem*), wogegen oft das *e* der Bildung weicht (*dunkle*, *dunkles*, *dunklem* etc.). Vor *n* jedoch wird das Flexions-*e* oft ausgestoßen (*dunkeln*, *magern*, nicht *dunklen*, *magren*, aber *ebnen* nicht *ebenn*, neben *dunkelen*, *mageren*, *ebenen*).

b) Schwache.

§. 103. Sie ist ganz wie im Mittelhochdeutschen, mit dem einzigen Unterschiede, dass der Acc. Sing. im Femininum nicht wie dort auf -*en*, sondern gleich dem Accus. Sing. des Neutrums auf -*e* ausgeht. — Von der Behandlung des Flexions-*e* gilt dasselbe, was darüber bei der starken Declination, wo es auslautet und vor *n* steht, angemerkt worden ist.

Declination der gesteigerten Adjectiva.

A. Mittelhochdeutsche.

a) Des Comparativs.

§. 104. Im Gothischen und nur mit sehr wenigen Ausnahmen auch im Althochdeutschen werden Comparativa nur schwach decliniert; im Mittelhochdeutschen schwach und stark. Bei der geringen Zahl der in den Denkmälern vorkommenden gesicherten Comparativformen können vollständige Paradigmen zum nicht geringen Theil nur mehr nach Analogie der vorfindlichen Formen aufgestellt werden.

α) Paradigmen der starken Declination.

Singular.

	Mascul.	Femin.	Neutr.
Nom.	blind-er-r	blind-er-iu	blind-er-z
Gen.	blind-er-s	blind-er-re	blind-er-s
Dat.	blind-er-me	blind-er-re	blind-er-me
Acc.	blind-er-n	blind-er	blind-er-z

Plural.

	Mascul.	Femin.	Neutr.
Nom.	blind-er	blind-er	blind-er-iu
Gen.	blind-er-re	blind-er-re	blind-er-re
Dat.	blind-er-n	blind-er-n	blind-er-n
Acc.	blind-er	blind-er	blind-er-iu

Singular.

	Mascul.	Femin.	Neutr.
Nom.	michel-r-er	michel-r-iu	michel-r-ez
Gen.	michel-r-es	michel-r-er	michel-r-es
Dat.	michel-r-em	michel-r-er	michel-r-em
Acc.	michel-r-en	michel-r-e	michel-r-ez

Plural.

	Mascul.	Femin.	Neutr.
Nom.	michel-r-e	michel-r-e	michel-r-iu
Gen.	michel-r-er	michel-r-er	michel-r-er
Dat.	michel-r-en	michel-r-en	michel-r-en
Acc.	michel-re	michel-re	michel-r-iu

β) Schwache Declination.

Von *blint* der Nom. Sing. für alle Geschlechter und der Acc. Sing. des Neutrums *blind-er*, alle übrigen Casus des Sing.

und Plur. *blind-er-n*; von *michel* jene Casus *michel-r-e*, diese *michel-r-en*.

b) Des Superlativs.

Von jeher starker und schwacher Form fähig, geht er ganz wie der Positiv:

α) Stark. Nom. *blind-eſt-er*   *blind-eſt-iu*   *blind-eſt-ez*
          Gen. *blind-eſt-es*   *blind-eſt-er*   *blind-eſt-es* etc.
          Nom. *michel-ſt-er*   *michel-ſt-iu*   *michel-ſt-ez* etc.
β) Schwach. Nom. *blind-eſt-e*   *blind-eſt-e*   *blind-eſt-e*
          Gen. *blind-eſt-en*   *blind-eſt-en*   *blind-eſt-en* etc.
          Nom. *michel-ſt-e*   *michel-ſt-e*   *michel-ſt-e* etc.

Anmerkung. Ob bei der Steigerung ein umlautsfähiger Stammvocal umlaute oder nicht, hängt nicht von der Declinationsendung, sondern davon ab, ob das *e* vor dem comparativischen *r* und vor dem superlativischen *ſt* im Althochdeutschen *i* oder *ô* war.

B. Neuhochdeutsche.

§. 105. Auch stark und schwach im Comparativ wie im Superlativ:

α) Stark.   Nom. *blind-er-er*   *blind-er-e*   *blind-er-es*
                  blind-eſt-er *blind-eſt-e* *blind-eſt-es*
β) Schwach. Nom. *blind-er-e*   *blind-er-e*   *blind-er-e*
                  blind-eſt-e   *blind-eſt-e* *blind-eſt-e*

Die übrigen Casus gehen ebenfalls ganz wie der starke Positiv *blinder*, *blinde*, *blindes*, und wie der schwache *blinde*, *blinde*, *blinde*. — Bei mehrsilbigen mit den Bildungen -*el*, -*er*, -*en* wird im Comparativ das *e* der Bildung ausgestoßen *edlerer*, *magrerer*, *ebnerer*, im Superlativ lieber das der Steigerungssilbe *edelſter*, *magerſter*, *ebenſter*.

Declination der Participien.

A. Mittelhochdeutsche.

§. 106. Participia des Praesens werden ganz wie Adjectiva behandelt, also sowohl stark wie schwach flectiert und auch flexionslos gebraucht. Im letzten Falle haben sie gewöhnlich die Form der auf -*e* (= altem *i*) ausgehenden Adjectiva, welches aber niemals über die participiale Endung -*end* hinweg im Stamm

Umlaut bewirken kann (kein *vernde*, *tregende*, *löbende* für *varnde*, *tragende*, *lobende*).

Anmerkungen. a) Bei langer Stammsilbe (auch wenn die Länge nur dadurch entsteht, dass ein stummes *e* der Bildung nicht ausgesprochen wird und damit Position eintritt, wie in *ridelende*) findet sich noch öfter ein voller, tieftoniger Vocal (z. B. *fuochunde*, *fnidunden*, *ilande*, *dienunde*), der, wenn er *a* ist, dem althochdeutschen *a*, wenn *u*, gewöhnlich dem althochdeutschen *ô* aber auch *a* entspricht. Verschiedene dieser Participien sind zu Substantiven geworden und folgen als solche der starken Declination, so *heilant*, *valant*, *vriunt*, *viant*, *wigant* (das vorletzte Wort häufiger in den Formen *rient*, *vigent* oder *vijent* und *vint*).

b) Von der Endung des Particips wird öfter die Silbe -*en* unterdrückt, namentlich wenn ihr eine mit *n* schließende Stammsilbe oder die Bildung -*en* voraufgeht, z. B. *weinde*, *diende*, *mande*, *fende*, *regende*, *fegende* für *weinende*, *dienende*, *manende*, *fenende*, *regenende*, *fegenende*. Nothwendig ist der Ausfall, wenn die Bildung -*en* auf einen langen Stamm folgt, weil dann das *e* des participialen -*end* stumm wird, z. B. *offende*, *wäfende* statt *offenende*, *wäfenende*. Auch nach kurzen Stämmen auf *l* ereignet sich der Wegfall, z. B. *hëlde*, *spilde* für *hëlnde*, *fpilnde*, und zugleich mit dem Consonanten *w* in *töude* = *töuwende* (im Sterben begriffen).

c) Die flexionslose Form des Participium auf -*ende* ist auch dem participialen Adverbium der mittelhochdeutschen Sprache eigen, das aber nicht oft vorkommt, z. B. *bláfende* (Nibel. 886, 8; *al weinde* = *al weinende*, Parciv. 793, 30).

§. 107. Participia Praeteriti. Auch gleich der Adjectivdeclination stark, schwach und flexionslos. Das Schwinden des stummen *e* und der Silbe -*en* in den Participien starker Verba erfolgt nach Analogie der Paradigmen für die Adjectivdeclination. Die von schwachen Zeitwörtern werden wie *alt* decliniert.

Anmerkungen. a) Die Partikel -*ge* wird in der Regel, doch nicht immer, dem Participium vorangesetzt: *komen* für *gekomen*, *brâht* für *gebrâht*, sind schon §. 21, c. und §. 51, *a*. angeführt; außerdem finden sich noch *lâzen* . oder *lân*, *gëben*, *troffen*, *vunden*, *worden*, und mehr nur ausnahmsweise *kêrt*, *kouft* und *tân* für *gelâzen*, *gegëben*, *getroffen*, *gevunden*, *geworden*, *gekêrt*, *gekouft*, *getân* (*vrëzzen* und *vreifchet* gehören nicht hierher, da sie für *verëzzen*, *vereifchet* stehen, hier also schon die gekürzte Partikel *ver*- voraufgeht).

b) Oben (§. 32) ist schon der rückumlautenden gekürzten Participialformen von langsilbigen Zeitwörtern erster schwacher Conjugation gedacht worden. Hier ist noch nachzutragen, dass die, zumeist in der flexionslosen Form, sich zeigende Kürzung in der Regel nur da geschieht, wo mit ihr zugleich ein Consonant schwindet (z. B. *gevalt*, *gevult*, *gebrant*, *gefchant*, *gegurt*, *gehaft*, *getrôft*, *behuot* = *gevellet*, *gevüllet*, *gebrennet*, *gefchendet*, *gegürtet*, *geheftet*, *getroeftet*, *behüetet*). Doch bilden von dieser Regel die Participien *gehört*, *gelërt*, *gekêrt*, *gelôft* = *gehoeret*, *gelêret*, *gekêret*, *geloefet* Ausnahmen.

c) Auch von dem Partic. Pract. gibt es ein Adverbium, aber nur von starken Zeitwörtern, z. B. *verholne, vergebene.*

B. Neuhochdeutsche.

§. 108. Beide Participien declinieren regelmäßig nach dem starken und schwachen Paradigma *alt,* die zu Substantiven gewordenen *freund, feind, heiland, volant* (für *valand*) folgen der ersten starken masculinischen Declination.

Anmerkungen. a) Die Particip. Praes. von Zeitwörtern mit den Bildungen *-el, -er* werfen das *e* des participialen *-end,* die von Zeitwörtern mit den Bildungen *-em, -en* das *e* der Bildung aus (z. B. *klingelnd, wundernd,* aber *athmend, regnend*). — Die Particip. Praet. starker Verba behalten nach der Silbe *-en* immer die adjectivische Flexion unverkümmert und opfern eher das *e* jener Silbe (z. B. *gefchwollene* oder *gefchwollne; gefchlagener, gefchlagner*). Über die mit Rückumlaut gekürzten Partic. Praet. schwacher Verba erster Conjugation vgl. §. 38.

b) Die von Participien, sowohl denen des Praes. wie des Practer., gebildeten Adverbien haben das genitivische *s,* z. B. *eilends, fuchends, vergebens.*

Declination des Gerundiums. *)

§. 109. Die mittelhochdeutsche Sprache hat noch, wie die althochdeutsche, ein Gerundium, welches in jener die Endungen im Genitiv *-ennes,* im Dativ *-enne* hat, wofür aber nach kurzer Stammsilbe auch oft *-enes, -ene* gebraucht ist; z. B. *weinennes, weinenne; vindennes, vindenne; nëmenne, redenne, gëbenne* und *klagene, varne.* Der Dativ steht nach der Praeposition *ze,* die aber auch den bloßen Infinitiv hinter sich leidet, z. B. *ze fagene* und *ze fagen.*

Im Neuhochdeutschen geht der Genitiv bloß auf *-ens* aus: *meidens, findens*; von einer dativischen Flexion ist keine Spur mehr (*zu nehmen, zu reden, zu klagen*). Aber aus dem alten *-enne* und der Praeposition *ze* hat sich durch auch sonst vorkommende Verwechselung des *nn* mit *nd* (z. B. *niemandes = niemannes*) ein unorganisches Participium auf *-nd,* declinierbar und mit passiver Bedeutung, entwickelt: *ein zu vindender, eine zu gebende.*

---

*) Vgl. J. Grimm, d. Grammat. 4, S. 104 ff. zu 1, S. 1020 ff.

Declination der Zahlwörter.

A. Mittelhochdeutsche Zahlwörter.
a) Cardinalzahlen.

§. 110. Die Ein- und Zweizahl unterscheiden noch die drei Geschlechter im Nom. und Acc., die Zahlen *drei* bis *zwölf* wenigstens nach Mascul. und Femin. vom Neutrum; von da an aber kommen die nach gleicher Art gebildeten Endungen seltener vor. Ebensoweit wie die durchgreifendere Unterscheidung der Geschlechter reicht auch die der Casus.

Eins. Nom. *einer*, Fem. *einiu*, Neutr. *einez*, die übrigen Casus auch regelmäßig nach der starken adjectivischen Declination. In der Bedeutung quidam können der Nom. aller Geschlechter und der Acc. Neutr. in *ein* gekürzt werden, und für den des Gen. *eines* kommt bisweilen *eins*, für *einer* als Gen. und Dat. Fem. *einre*, für den Dat. Masc. und Neutr. *einem* auch *eineme*, *eime* vor. — In derselben Bedeutung quidam gibt es den Plural. Nom. *eine*, *eine*, *einiu*; Gen. *einer*; Dat. *einen*; Acc. *eine*, *eine*, *einiu*. — Die schwache Form *eine*, *eine*, *eine* bedeutet solus.

Zwei. Nom. *zwéne*, *zwó*, *zwéi*; Gen. *zweier* (*zweir*, *zweiger*, substantivisch *zwei* statt *zweie* = althochd. *zueio*); Dat. *zwein* (*zweien*); Acc. *zwéne*, *zwó*, *zwei*.

Drei. Nom. und Acc. des Masc. und Fem. *dríe* oder *drí*, das Neutr. *driu*; Gen. *drier*; Dat. *drin* oder *drín* (*drien*).

Vier. Unflectiert *vier*; flectiert Nom. und Acc. des Masc. und Fem. *viere*, des Neutr. *vieriu*; Gen. *vierer* (*vierre*); Dat. *vieren* (*viern*).

Fünf. Unflect. *vünf* (*vunf*, *vumf*, *vinf*); flect. Nom. und Acc. des Masul. und Fem. *vünve* (*fünfe*), des Neutr. *vünviu*; Gen. *vünver*, Dat. *vünven*.

Sechs. Unflect. *sëhs*; flect. *sëhse*, *sëhsiu*; Gen. *sëhser*; Dat. *sëhsen*.

Sieben. Unflect. *siben*; flect. *sibene*, *sibeniu*; Gen. *sibener*; Dat. *sibenen*.

Acht. Unflect. *aht*; flect. *ahte*, *ahtiu*; Gen. *ahter*; Dat. *ahten*. (Nebenformen *chte*, *ëhte*.)

Neun. Unflect. *niun* (*niwen*); flect. *niune*, *niuniu* etc.

Zehn. Unflect. *zëhen* (*zën*); flect. *zëhene*, *zëheniu* etc.

Eilf. Unflect. *einlif* (*einlef, eilf, elf*); flect. *einleve, einleviu* etc.
Zwölf. Unflect. *zwelif* (*zwelef, zwelf*); flect. *zweleve, zweleviu* (*zwelve, zwelviu*) etc.

Die folgenden *Zehner: drízëhen, driuzëhen,* flect. *drízehene, vierzëhen, vünfzëhen, ſëhszëhen* (meist *ſëhzëhen*), *ſibenzëhen, ahtzëhen* (auch *ahzëhen*), *niunzëhen; — zweinzec* (*zweinzic, zwenzec*); *drízec, vierzec, vünfzec, ſëhszec, ſibenzec, ahtzec, niunzec. —* Die *Hunderter: zëhenzec,* gewöhnlich *hundert* (auch *hunt*) Neutr., *einhuhdert, zweihundert* (*zweihunt*), *driuhundert, vierhundert* etc. — Die *Tauſender: zëhen hundert* oder *túſent,* auch Neutr., *zwei túſent, driu túſent, vier túſent* etc.

b) Ordinalzahlen.

§. 111. Sie können adjectivisch stark und schwach flectiert werden, der letztere Fall ist aber der ungleich häufigere.

Von *Eins:* stark *érſter, érſtiu, érſteʒ,* schwach *érſte, érſte, érſte.*

Von *Zwei:* stark *ander* (für *anderer*), *anderiu* (*ander*), *anderʒ* (*ander*), geht wie *heiter* (nach dem Paradigma *michel* §. 98, d.); Gen. *anders, anderre, anders;* Dat. *anderme, anderre, anderme* etc.; — schwach: Nom. aller Geschlechter *ander,* alle übrigen Casus *andern.*

Von *Drei* etc. mag hier nur die Ordinalzahl schwacher Form angegeben werden: *dritte* (*drite*), *vierde, vünfte* (*vinfte*), *ſëhſte, ſibente* (*ſibende*), *ahte* (*ahtode, ahtede*), *niunte* (*niwende*), *zëhende* (*zénde*), *einlifte* (*einlëfte*), *eilifte, eilëfte, elfte*), *zwelifte* (*zwelfte*), *drízëhende* etc., *zweinzegeſte* (*zweinzigſte*), *drízegeſte* etc.

c) Das Zahlwort *beide.*

§. 112. Diess Zahlwort wird nur stark flectiert *béde, béde, bédiu* oder *beide, beide, beidiu;* Gen. *béder* oder *beider;* Dat. *béden* oder *beiden;* Acc. wie der Nom. Formen eines Singulars sind erst später aufgekommen, doch hat sich für *beideʒ* ein Beleg schon im 14. Jahrhundert gefunden (vgl. W. Müller's mittelhoch. Wörterbuch I, S. 97).

B. Neuhochdeutsche Zahlwörter.

a) Cardinalzahlen.

§. 113. *Eins.* Die starke Flexion *einer, eine, eines* regelmäßig nach der Adjectivdeclination. Die Kürzung in *ein* kann jetzt nur noch für den Nom. des Masc. und Neutr. und für den Accus. des Neutr. eintreten. Der Plural des Wortes in der Bedeutung quidam ist aufgegeben. — Schwach flectiert, *eine*, *eine*, *eine* etc., hat es auch einen Plural, *die einen*, *der einen* etc.

Zwei. Im Nom. und Acc. aller drei Geschlechter gilt jetzt nur *zwei* (*zwen* und *zwo* sind veraltet), Gen. *zweier*, Dat. *zwein* oder *zweien*. — Noch weniger findet sich ein Geschlechtskennzeichen bei den übrigen Zahlen: *Drei*, *dreier*, *drein* oder *dreien*, *drei*; *Vier* flectiert *viere*, *vierer*, *vieren*, *viere*; ganz ähnlich die folgenden.

b) **Ordinalzahlen.**

§. 114. Starker und schwacher adjectivischer Flexion fähig: *érſter*, *érſte*, *érſtes*; *érſte*, *érſte*, *érſte*.

anderer, *andere*, *anderes*; *andere*, *andere*, *andere*; daneben *zweiter*, *zweite*, *zweites*; *zweite*, *zweite*, *zweite*.

dritter, *vierter* sammt den folgenden ebenso wie *zweiter*.

c) Das Zahlwort *beide*.

§. 115. Es hat jetzt neben der starken Form *beide*, *beider*, *beiden*, *beide* auch die schwache (*die*) *beiden*. — Auch kamen ungefähr in der Reformationszeit zu dem Nom. Acc. Sing. *beide*, *beides*, der Genit. *beides*, *beider*, der Dat. *beidem*, *beider* und der Acc. *beiden* auf (vgl. v. Meusebach in der Hall. Liter. Zeit. 1829. Nr. 55 f. S. 435 f.).

Declination der Pronomina.

A. Mittelhochdeutsche Pronomina.

a) **Persönliches ungeschlechtiges Pronomen.**

§. 116.   Singular.

	I. Person.	II. Person.	III. Person.
Nom.	*ich*	*dû*, *du* (*duo*)	—
Gen.	*mîn*	*dîn*	*ſîn*
Dat.	*mir*	*dir*	—
Acc.	*mich*	*dich*	*ſich*

	Plural.		
	I. Person.	II. Person.	III. Person.
Nom.	wir	ir	—
Gen.	unſer	iuwer	—
Dat.	uns	iu	—
Acc.	uns (unſich)	iuch (iuwich)	ſich

Anmerkung. Der Acc. Plur. *unſich* kommt nur noch in den ältern Denkmälern vor und verschwindet im 13. Jahrhundert aus der Sprache, so dass nun die Formen des Accus. und Dat. gleich werden (*uns*); in der zweiten Person werden sie noch streng geschieden (Dat. *iu*, Acc. *iuch*). — Das Gothische hat, entsprechend dem Gen. Dat. Acc. Sing. der ersten und zweiten Person (*meina*, *mis*, *mik*; *theina*, *thus*, *thuk*) auch noch für die dritte Person diese drei Casus (*ſeina*, *ſis*, *ſik*), die ebenfalls, wie im Lateinischen *ſui*, *ſibi*, *ſe*, für den Plural gelten. Aber schon im Althochdeutschen findet sich kein Dat. Sing. Plur. *ſir* und auch kein Gen. Plur. *ſin* mehr vor, weshalb diese Casus da und im Mittelhochdeutschen durch die entsprechenden des geschlechtigen Pronomens *ër*, *ſie*, *ëʒ* vertreten werden müssen. Ausnahmsweise wird aber auch im Mittelhochdeutschen die Accusativform *ſich* für Dat. Sing. und Plur., die für diesen Casus im Neuhochdeutschen durchgedrungen ist, angewandt. — Der Gen. Sing. *ſin* kann nur auf ein mascul. oder neutrales Subjekt, nicht auf ein Femininum zurückbezogen werden (vgl. §. 117; 119).

b) Persönliches geschlechtiges Pronomen.

§. 117.

	Singular.			Plural.		
	Mascul.	Femin.	Neutr.	Mascul.	Femin.	Neutr.
Nom.	ër	ſiu, ſie	ëʒ	ſie	ſie	ſiu, ſie
Gen.	ës (ſin)	ir	ës (ſin)	ir	ir	ir
Dat.	im (ime)	ir	im (ime)	in	in	in
Acc.	in	ſie	ëʒ	ſie	ſie	ſiu, ſie

Anmerkung. Für den veraltenden Gen. Sing. Masc. *ës* wird meistens der entsprechende Casus der 3. Person des ungeschlechtigen Pronomens *ſin* gebraucht; dagegen ist im Neutr. der Genitiv *ës* noch ziemlich häufig. — *ſiu* als Nom. Sing. Fem. und Nom. und Acc. Plur. Neutr. ist schon sehr selten geworden; für die Form *ſie* wird auch oft in allen Casus, worin sie oben erscheint, *ſi* und *ſi* (oder auch tonloses *ſe*) verwandt. — Die Form des Dat. Sing. Mascul. und Neutr. *ime* erklärt sich aus dem Althochdeutschen *imu*: der Vocal *e* haftete nach dem *m* eher als nach *ir* (entstanden aus Althochdeutsch. *irâ*, *iru* und *irô*).

c) Possessives Pronomen.

§. 118. Die aus den Genitiven des ungeschlechtigen Pronomens *mîn*, *dîn*, *ſin*, *unſer*, *iuwer* gebildeten Possessiva werden gewöhnlich wie Adjectiva stark (selbst nach dem bestimmten

Artikel), selten schwach flectiert. Einzelne Casus können auch die Flexion abwerfen; von dem Nom. Sing. Masc. *unferer, iuwerer* fällt die Endung -*er* immer ab.

Singular.

	Mascul.	Femin.	Neutr.
Nom.	*mín-er, mín*	*mín-iu, mín*	*mín-ez̧, mín*
Gen.	*mín-es*	*mín-er*	*mín-es*
Dat.	*mín-em (mín-eme)*	*mín-er*	*mín-em (mín-eme)*
Acc.	*mín-en*	*mín-e*	*mín-ez̧, mín*

Plural.

Nom.	*mín-e*	*mín-e*	*mín-iu*
Gen.	*mín-er*	*mín-er*	*mín-er*
Dat.	*mín-en*	*mín-en*	*mín-en*
Acc.	*mín-e*	*mín-e*	*mín-iu*

Singular.

Nom.	*unfer*	*unfer-iu (unfer)*	*unfer-z̧ (unfer)*
Gen.	*unfer-s*	*unfer-re*	*unfer-s*
Dat.	*unfer-me*	*unfer-re*	*unfer-me*
Acc.	*unfer-n*	*unfer*	*unfer-z̧ (unfer)*

Plural.

Nom.	*unfer*	*unfer*	*unfer-iu (unfer)*
Gen.	*unfer-re*	*unfer-re*	*unfer-re*
Dat.	*unfer-n*	*unfer-n*	*unfer-n*
Acc.	*unfer*	*unfer*	*unfer-iu (unfer)*

So wie *miner* werden auch *diner* und *finer*, und wie *unfer* wird *iuwer* flectiert.

Anmerkung. Der Nom. Sing. jedes Geschlechts von *min, din, fin* entbehrt gemeiniglich der Flexion, zuweilen auch der Acc. Sing. und der Nom. Acc. Plur. Andere Kürzungen sind seltner, wie *mins* (= *mines*), *min, din, fin* als Dat. Plur. (= *minen, dinen, finen*), oder *minme, minre* (= *mineme, minere*). — Auch von *unfer* und *iuwer* gilt meistens die gekürzte Form für den Nom. Sing. des Fem. und den Nom. Acc. Sing. des Neutr. Statt *unferme, iuwerme* sind die Kürzungen *unferm, iuwerm* selten, ebenso *unferr* oder *unfer* statt *unferre* und noch einige andere. — Die schwache Declination ist ganz die der einsilbigen und zweisilbigen Adjectiva mit langem Stamm.

§. 119. Der eingeschränkte Gebrauch des *fin* als Genitiv des ungeschlechtigen persönlichen Pronomens (vgl. §. 116, Anmerk.) hat es nöthig gemacht, wo ein Subject weiblichen Geschlechts im Sing. oder ein Subject jedes Geschlechts im Plural steht, für das

Possessivum eine Abhülfe bei dem Pronomen *ër*, *ſie*, *ëʒ* in dessen Gen. Sing. und dessen Gen. Plur. aller Geschlechter zu suchen. In solchen Fällen bedient sich das Mittelhochdeutsche also nicht eines eigentlichen dem lateinischen suus, sua, suum entsprechenden Possessivs, sondern des Genit. Sing. und Plur. *ir*, welcher dem lateinischen ejus (althochd. *irá*), eorum, earum (*iró*) entspricht. Aus diesem genitivischen *ir* bildete sich nun aber allmählich ein flectierbares Possessiv, welches im 13. Jahrhundert noch selten angewandt wurde; erst Anfang des 14. kam es in häufigeren Gebrauch.

Flectiert wurde es:

	Singular				Plural		
	Mascul.	Femin.	Neutr.		Mascul.	Femin.	Neutr.
Nom.	*ir*	*ir, iriu*	*irʒ*	Nom.	*ir*	*ir*	*iriu*
Gen.	*irs*	*irre*	*irs*	Gen.	*irre*	*irre*	*irre*
Dat.	*irm, irme*	*irre*	*irm, irme*	Dat.	*irn*	*irn*	*irn*
Acc.	*irn*	*ir*	*irʒ*	Acc.	*ir*	*ir*	*iriu*

d) Demonstratives Pronomen.

§. 120. α) *der*; zugleich bestimmter Artikel.

	Singular				Plural		
	Mascul.	Femin.	Neutr.		Mascul.	Femin.	Neutr.
Nom.	*dër*	*diu* (die)	*daʒ*	Nom.	*die*	*die*	*diu* (die)
Gen.	*dës*	*dër*	*dës*	Gen.	*dër*	*dër*	*dër*
Dat.	*dëm* (dëme)	*dër*	*dëm* (dëme)	Dat.	*dën*	*dën*	*dën*
Acc.	*dën*	*die*	*daʒ*	Acc.	*die*	*die*	*diu* (die)
Instr.	—	—	*diu*				

Anmerkung. So wie das *ſiu* als Nom. Sg. Fem. schon gewöhnlich zu *ſie* geworden ist, so findet sich bisweilen für diesen Casus so wie für Nom. Acc. Plur. des Neutr. auch *die* statt *diu*. Und wie *ſie* oder *ſi* sich zu *ſi* verkürzen und zu *ſe* abschwächen können, so kann auch *die* und *diu* zu *di* oder *de* werden. In ähnlicher Art wird mitunter *daʒ* zu *deʒ*. — Statt der Dativform *dēn* im Plur. kommt auch hin und wieder *dien* vor. — Der Instrumentalis *diu* wird für sich stehend zwar gefunden, meist aber in Verbindung mit Praepositionen, z. B. *bediu*, *zediu* (= *bi diu*, *ze diu*).

§. 121. β) *dieſer*.

	Singular				Plural		
	Mascul.	Femin.	Neutr.		Mascul.	Femin.	Neutr.
Nom.	*dirre* (diſer)	*diſiu*	*diz, ditze*	Nom.	*diſe*	*diſe*	*diſiu*
Gen.	*diſes*	*dirre*	*diſes*	Gen.	*dirre*	*dirre*	*dirre*
Dat.	*diſeme* (diſem)	*dirre*	*diſeme* (diſem)	Dat.	*diſen*	*diſen*	*diſen*
Acc.	*diſen*	*diſe*	*diz, ditze*	Acc.	*diſe*	*diſe*	*diſiu*

Anmerkung. Für den Gen. *difes* auch bisweilen die Nebenformen *diffes*, *diffe* und *dis*; für *dife* die Formen *diffe* oder *diefe*; so auch *difer* für *dirre*; *dife* für *difiu* (*dis* und *diʒ* für *diz* oder *ditze* ist fraglich).

§. 122. γ) *jener*.

Es folgt der starken Declination einsilbiger Adjectiva, deren kurzer Stamm auf *n* auslautet.

Anmerkung. Nebenformen *jĕnre* für *jener* als Nom. Sing. Masc.; *jĕn* für *jĕne*; *jĕns* für *jĕnes*; *jĕnem*, *jĕms* für *jĕneme*; *jĕner* für *jĕnere*.

e) Relatives Pronomen *dër*, *diu*, *daʒ*.

§. 123. Es wird im Gothischen aus dem ersten Demonstrativum mit Anhängung der Silbe *ei* gebildet; das Althochdeutsche hat noch Reste derselben Bildung, *dërî*, *daʒî*, gewöhnlich ist dafür aber schon die unveränderte Form des Demonstrativs im Gebrauch. So auch im Mittelhochdeutschen *dër*, *diu*, *daʒ*.

f) Interrogatives Pronomen.

§. 124. α) *wer*.

Im Gothischen gibt es davon noch ein Femin. und einen Plural., doch lassen sich für jenes der Genit. Sing., für diesen die meisten Casus nicht belegen. Im Althochdeutschen ist der Sing. des Fem. ganz verschwunden, vom Plural haben sich aber noch einige Formen erhalten. Im Mittelhochdeutschen ist bloß noch der Sing. des Mascul. und Neutr. vorhanden, die ganz wie *dër*, *daʒ* flectiert werden.

	Mascul.	Neutr.		Mascul.	Neutr.
Nom.	wër	waʒ	Dat.	wëm (wëme)	wëm (wëme)
Gen.	wës	wës	Acc.	wën	waʒ
			Instr.	—	wiu

Anmerkung. Mit vorgesetzter Partikel *sô*, die in *s* verkürzt ist, wird das Pronomen *swër*, *swaʒ* mit der Bedeutung des latein. quicunque.

β) *Wer von zweien*.

wëder (*wëderer*), *wëderiu*, *wëderez*, wird wie ein kurzstämmiges Adjectiv mit der Bildung -*er* (nach dem Paradigma §. 98, c.) flectiert, ganz vereinzelt auch schwach. — Auch davon gebildet *swëder* (der von zweien welcher, oder: wenn irgend welcher von beiden).

§. 125. Die übrigen Pronomina sind theils aus den vorstehenden mittelst gewisser Prae- oder Suffixe, theils aus Substantiven oder Adjectiven gebildet, deren Declination nichts Eigenthümliches hat und von denen daher in der Wortbildungslehre zu handeln ist.

B. Neuhochdeutsche Pronomina.

a) Persönliches ungeschlechtiges Pronomen.
§. 126.

	Singular.				Plural.	
I. Person.	II. Person.	III. Person.		I. Person.	II. Person.	III. Person.
Nom. *ich*	*du*	—	Nom.	*wir*	*ihr*	—
Gen. *mein (meiner)*	*dein (deiner)*	*sein (seiner)*	Gen.	*unser*	*euer*	—
Dat. *mir*	*dir*	*sich*	Dat.	*uns*	*euch*	*sich*
Acc. *mich*	*dich*	*sich*	Acc.	*uns*	*euch*	*sich*

Anmerkung. Wie im Mittelhochdeutschen die Formen des Dat. und Acc. Plur. in der ersten Person zusammenfielen und sich die Accusativform *sich* auch bereits in den Dativ einzudrängen begann, so zeigen nun auch der Dat. und Acc. Plur. der zweiten Person keine Verschiedenheit mehr; während indess bei der ersten Person die Dativform zugleich alleinige Geltung für den Accus. erhalten hat, so hat umgekehrt bei der zweiten Person die Accusativform die des Dativs (die nach dem Mittelhochdeutschen *eu* lauten sollte) verdrängt. — Die Endung *-er* im Gen. Sing. aller drei Personen ist ein ganz unorganisches Anhängsel.

b) Persönliches geschlechtiges Pronomen.
§. 127.

	Singular.				Plural.	
	Mascul.	Femin.	Neutr.		Mascul. Femin. Neutr.	
Nom.	*er*	*sie*	*es*	Nom.	*sie sie sie*	
Gen.	— *(seiner)*	*ihrer*	*es (seiner)*	Gen.	*ihrer ihrer ihrer*	
Dat.	*ihm*	*ihr*	*ihm*	Dat.	*ihnen ihnen ihnen*	
Acc.	*ihn*	*sie*	*es*	Acc.	*sie sie sie*	

Anmerkung. Der Genit. *es* für das Masc. hat sich verloren, für das Neutr. ist er noch vorhanden (z. B. ich bin es gewohnt), meistens wird aber dafür *sein* oder *seiner* gebraucht. — Die Anhängung der Silben *-er* und *-en* an *ihr* und *ihn* ist ganz so anzusehen, wie die des *-er* an *mein*, *dein*, *sein* (§. 126, Anmerk.).

c) Possessives Pronomen.
§. 128.

meiner, meine, meines; unserer (unsrer), unsere (unsre), unseres (unsres)
deiner, deine, deines; euerer (eurer), euere (eure), eueres (eures)
seiner, seine, seines }
ihrer, ihre, ihres } *; ihrer, ihre, ihres.*

Der Nom. Sg. des Masc. und Neutr. und der Acc. Sg. des Neutr. erscheinen meist ohne Flexion: *mein, unfer; dein, euer; fein, ihr, ihr*. Die Declination, die auch überall schwach sein kann, ist der der starken und schwachen Adjectiva gleich.

d) Demonstratives Pronomen.

§. 129. α) *der*.

	Singular.			Plural aller drei Geschlechter.	
Nom.	der	die	das	Nom.	die
Gen.	des, deffen	der, deren	des, deffen	Gen.	der, derer (deren)
Dat.	dem	der	dem	Dat.	den, denen
Acc.	den	die	das	Acc.	die

Die Casus, welche nur **eine** Form besitzen, unterscheiden das Pronomen vom Artikel durch die stärkere Betonung des erstern; wo sich Doppelformen vorfinden, gebührt die einsilbige dem Artikel, die zweisilbige dem freistehenden Pronomen, denn vor einem Substantiv gelten meistens auch nur die durch den Ton hervorgehobenen einsilbigen Formen. Diese Zweisilbigkeit ist ganz so zu beurtheilen, wie die in den Formen der §§. 126 u. 127.

β) *diefer* und *jener* flectieren wie ein starkes Adjectiv; nur dass statt des Nom. und Acc. Sing. des Neutr. von dem erstern für *diefes* auch *dieß* üblich ist.

e) Relatives Pronomen *der, die, das*.

§. 130. Es ist ganz dem demonstrativen *der, die, das* gleich, hat aber im Genit. Sg. und im Gen. und Dat. Plur. nur selten die einsilbigen, in der Regel die zweisilbigen Formen.

f) Interrogatives Pronomen.

§. 131.

Nom.	wer	was
Gen.	wes, weffen	wes, weffen
Dat.	wem	wem
Acc.	wen	was

Auch hier ist die einsilbige Form des Genitivs nur mehr ausnahmsweise im Gebrauch. — *fwer* ist ganz ausgegangen, ebenso *weder* (als Pronomen) und *fweder*.